© Marie-Pierre BESSON DE VEZAC
ISBN : **978-2-8106-2187-3**
Dépôt légal : Juin 2025
Édition : BoD · Books on Demand, 31 avenue Saint-Rémy, 57600 Forbach, bod@bod.fr
Impression : Libri Plureos GmbH, Friedensallee 273, 22763 Hamburg (Allemagne)
L'œuvre présentée est protégée par le droit d'auteur conformément aux dispositions du Code de la propriété intellectuelle, en particulier l'article L111-1 qui stipule que "l'auteur d'une œuvre de l'esprit jouit, à titre personnel, d'un droit exclusif et opposable à tous, sur son œuvre". Ce droit inclut à la fois les droits moraux, qui sont inaliénables et imprescriptibles, et les droits patrimoniaux, qui permettent à l'auteur de contrôler l'exploitation de son œuvre (articles L121-1 à L122-12 du Code de la propriété intellectuelle). Toute reproduction, représentation ou adaptation de l'œuvre sans l'autorisation de l'auteur constitue donc une violation des droits d'auteur, conformément à l'article L335-2 du Code de la propriété intellectuelle.

Marie-Pierre BESSON DE VEZAC

Les Criminels de Guerre

Perspectives Juridiques

Remerciements

Je tiens à exprimer ma profonde gratitude à tous ceux qui ont contribué à l'élaboration de ce livre sur les criminels de guerre. Leur soutien, leur expertise et leur engagement envers la justice internationale ont été essentiels à la réalisation de cet ouvrage. Un remerciement particulier va à ceux qui, par leur travail acharné et leur courage, ont œuvré sur le terrain pour documenter les atrocités et poursuivre les responsables de crimes de guerre, parfois au péril de leur vie.

Je tiens également à exprimer ma sincère reconnaissance envers ma famille, dont le soutien indéfectible et l'encouragement constant ont été des piliers essentiels tout au long de la rédaction de cet ouvrage. Leur patience, leur compréhension et leur amour m'ont permis de mener à bien ce projet, parfois exigeant, avec une sérénité indispensable.

À mes proches, qui ont toujours cru en moi, même dans les moments de doute, ce livre est le fruit de vos encouragements et de votre présence. Vous avez été une source de motivation et de réconfort, et je vous en suis profondément reconnaissante.

Les expressions « droit de la guerre », « droit international humanitaire » et « droit des conflits armés » seront employées indifféremment.

"Le procès d'un criminel de guerre n'est pas un acte de vengeance, c'est un acte de justice pour l'ensemble de la société humaine."
— *Antonio Cassese*, ancien président du Tribunal pénal international pour l'ex-Yougoslavie (TPIY).

Introduction   11
Chapitre 1 : Cadre juridique des crimes de guerre   20
    1. **Origines et développement du droit international humanitaire**   20
    2. **Définition et classification des crimes de guerre**   46
    3. **Les principes fondamentaux du DIH**   71
Chapitre 2 : Les juridictions compétentes pour juger les crimes de guerre   81
    1. **Les tribunaux militaires et ad hoc**   82
    2. **La Cour pénale internationale (CPI)**   107
    3. **Les juridictions nationales**   130
Chapitre 3 : Les défis juridiques dans la lutte contre les crimes de guerre   147
    1. **Obstacles à la poursuite des criminels de guerre**   148
    2. **Les tensions entre justice et diplomatie**   165
    3. **Les nouveaux enjeux juridiques**   177
Chapitre 4 : Quelques affaires: 193
    1. **Les procès emblématiques**   195
    2. **Les échecs de la justice internationale**   208
    3. **Les progrès récents**   217
Chapitre 5 : Les perspectives d'évolution du droit pénal international   232
    1. **Renforcer les institutions internationales**   233
    2. **Promouvoir la prévention des crimes de guerre**   240
    3. **L'avenir du DIH dans un monde multipolaire**   249
Conclusion   260
Bibliographie   274

Introduction

Les crimes de guerre sont une tragédie de l'humanité depuis des siècles, des conflits mondiaux aux guerres civiles dévastatrices. Face à l'ampleur des souffrances infligées aux civils et aux soldats, la communauté internationale a cherché à établir des mécanismes de justice pour juger les responsables de ces atrocités. Ce livre explore les perspectives juridiques entourant la lutte contre les criminels de guerre, en mettant en lumière les défis, les avancées et les échecs du droit pénal international.

À travers une analyse détaillée des tribunaux internationaux, tels que la Cour pénale internationale (CPI), et des cas emblématiques de criminels de guerre, ce livre examine comment le droit international tente de réprimer l'impunité et de garantir la justice pour les victimes. Toutefois, malgré les progrès réalisés, de nombreux obstacles demeurent : l'immunité des chefs d'État, les difficultés liées à la collecte de preuves et la coopération internationale insuffisante.

Au-delà des institutions internationales, il est essentiel de considérer l'impact des initiatives locales, ainsi que la prévention des crimes de guerre à travers l'éducation et la documentation proactive. Ce livre se penche également sur les défis émergents, tels que les crimes commis par des acteurs non étatiques et la guerre cybernétique, qui soulignent l'importance d'adapter le droit pénal international aux réalités contemporaines.

L'objectif de cet ouvrage est de fournir une analyse complète des enjeux juridiques qui sous-tendent la justice pénale internationale et d'ouvrir un dialogue sur les perspectives d'évolution du droit dans un monde en perpétuelle mutation. C'est un appel à la vigilance collective pour garantir que la justice soit rendue, non seulement pour les victimes des crimes de guerre, mais aussi pour l'humanité dans son ensemble.

Les crimes de guerre sont des infractions graves commises lors de conflits armés, qui violent les lois et coutumes de la guerre, telles que définies par le droit international humanitaire (DIH). Ces crimes englobent un large éventail d'actes inhumains, visant à protéger les personnes et les biens en temps de guerre. La définition juridique des crimes de guerre repose sur des instruments internationaux tels que les Conventions de Genève de 1949 et leurs Protocoles additionnels de 1977, ainsi que sur la jurisprudence des tribunaux pénaux internationaux.

Les Conventions de Genève et leurs Protocoles définissent les crimes de guerre comme des actes qui enfreignent les règles de protection des civils, des prisonniers de guerre et des blessés, ainsi que des attaques injustifiées contre des biens civils. Ces actes incluent, par exemple, le meurtre, la torture, les traitements cruels, l'attaque délibérée contre des civils, l'utilisation de moyens de guerre prohibés, ou la prise d'otages.

L'Article 8 du Statut de Rome de la Cour pénale internationale (CPI) précise les critères exacts de ces infractions, en distinguant les crimes de guerre commis dans les conflits armés internationaux et non internationaux.

Les crimes de guerre peuvent être commis par des soldats, des commandants militaires, mais aussi par des civils qui prennent part aux hostilités ou par des dirigeants politiques. Dans ce contexte, la responsabilité individuelle est un principe fondamental du droit pénal international, qui signifie que même les plus hauts responsables politiques et militaires peuvent être tenus responsables de ces crimes.

L'élément clé pour qu'un acte soit qualifié de crime de guerre est qu'il soit commis pendant un conflit armé et qu'il viole de manière grave les règles du DIH. Cela inclut non seulement les actes de violence, mais aussi des violations de la dignité humaine, comme l'exploitation sexuelle ou l'utilisation d'enfants soldats. Le droit pénal international, en particulier à travers la CPI, cherche à mettre fin à l'impunité des auteurs de ces crimes en instaurant un cadre juridique où les responsables peuvent être jugés et punis.

L'un des défis majeurs dans la définition des crimes de guerre est la diversité des conflits et des acteurs impliqués, ce qui rend parfois difficile l'application uniforme des règles. Par exemple, dans les conflits non internationaux, comme ceux impliquant des groupes armés non étatiques, la question de la responsabilité et de l'application des normes internationales peut se poser de manière plus complexe. Malgré ces défis, la définition juridique des crimes de guerre reste un outil fondamental pour garantir la protection des droits humains en période de guerre et assurer que les responsables rendent des comptes pour leurs actes.

Le droit international humanitaire (DIH) repose sur des principes fondamentaux qui visent à limiter les souffrances humaines en temps de guerre, en protégeant les personnes et les biens qui ne participent pas directement aux hostilités. Ces principes sont ancrés dans un ensemble de règles et de normes qui cherchent à rendre les conflits armés plus humains, en imposant des restrictions sur les moyens et méthodes de guerre utilisés par les belligérants. Le DIH se distingue par son objectif humanitaire, cherchant à protéger la dignité humaine même dans les circonstances extrêmes des conflits armés.
Les fondements du DIH sont principalement établis dans les Conventions de Genève de 1949 et leurs Protocoles additionnels, qui forment le noyau dur de ce droit. Ces instruments visent à garantir la protection des blessés et des malades sur le champ de bataille, des prisonniers de guerre, ainsi que des civils, en particulier dans les zones de conflit. Ils définissent des règles précises concernant la conduite des hostilités, en interdisant des pratiques telles que les attaques

délibérées contre des civils ou des biens civils, la prise d'otages, et les traitements cruels ou inhumains.

Le premier principe fondamental du DIH est celui de la distinction, qui impose aux parties au conflit de distinguer en tout temps entre les combattants et les civils, et de ne cibler que les premiers. Ce principe est essentiel pour limiter les dommages collatéraux et éviter les pertes humaines inutiles parmi les populations civiles. Le deuxième principe est celui de la proportionnalité, qui interdit les attaques qui causeraient des pertes civiles excessives par rapport à l'avantage militaire attendu. Le principe de nécessité militaire, quant à lui, autorise l'utilisation de la force uniquement dans le but d'atteindre des objectifs militaires légitimes, excluant toute violence gratuite ou disproportionnée.

Le DIH repose également sur la responsabilité individuelle des acteurs du conflit, en particulier des chefs militaires et des responsables politiques, qui peuvent être tenus responsables des violations des règles du droit humanitaire. Cette responsabilité est consacrée par des instruments comme le Statut de Rome de la Cour pénale internationale (CPI), qui permet de juger les auteurs de crimes de guerre, de crimes contre l'humanité et de génocide.

Le DIH s'applique à tous les conflits armés, qu'ils soient internationaux ou non internationaux, et il ne fait pas de distinction entre les types de belligérants, qu'il s'agisse d'États ou de groupes armés non étatiques. Cela reflète l'idée que les règles humanitaires doivent être respectées indépendamment de la nature du conflit, dans le but de protéger les individus et de préserver la dignité humaine.

En plus des Conventions de Genève, d'autres instruments juridiques, tels que les lois et coutumes de la guerre, les Protocoles additionnels de 1977, et les décisions des tribunaux pénaux internationaux, complètent le cadre du DIH. Ces instruments contribuent à l'évolution du droit humanitaire, en tenant compte des réalités contemporaines des conflits, comme la guerre asymétrique, l'utilisation de mercenaires ou de nouvelles technologies de guerre.

Ainsi, les fondements du DIH reposent sur un ensemble de règles et principes qui visent à limiter les horreurs de la guerre, à protéger les personnes vulnérables, et à établir une responsabilité claire pour les violations commises. Le DIH est un pilier du droit international qui incarne l'espoir de limiter les souffrances humaines et de promouvoir la paix et la dignité, même dans les périodes de conflit.

L'objectif principal de ce livre est de fournir une analyse approfondie des crimes de guerre en les examinant sous l'angle du droit international et de la justice pénale. Les crimes de guerre, par leur nature même, touchent aux fondements des droits humains et à la dignité des individus. En étudiant ces infractions à travers le prisme du droit, ce livre cherche à clarifier les mécanismes juridiques existants pour lutter contre ces crimes, les prévenir et, lorsque cela est possible, punir les responsables. Cette approche vise à démontrer non seulement la gravité des violations des lois de la guerre, mais aussi l'importance d'un cadre juridique solide et cohérent pour garantir que les auteurs de ces crimes rendent des comptes.

Le droit international humanitaire (DIH), qui régit les conflits armés, cherche à limiter les souffrances humaines et à protéger les populations civiles, les prisonniers de guerre et les blessés. Ce livre explore en détail les normes et principes du DIH, notamment la distinction, la proportionnalité et la nécessité militaire, pour comprendre comment ces règles peuvent être appliquées dans le contexte des crimes de guerre. Il s'agit d'examiner comment ces principes sont intégrés dans les instruments juridiques internationaux tels que les Conventions de Genève, le Statut de Rome de la Cour pénale internationale (CPI), et la jurisprudence des tribunaux pénaux internationaux, afin de déterminer les critères précis qui définissent un crime de guerre.

En outre, ce livre analyse les mécanismes juridiques qui existent pour prévenir et punir les crimes de guerre. Cela inclut l'étude des tribunaux internationaux, tels que la Cour pénale internationale (CPI), les tribunaux ad hoc comme le Tribunal pénal international pour l'ex-Yougoslavie (TPIY) et le Tribunal pénal international pour le Rwanda (TPIR), ainsi que des juridictions nationales qui, dans certains cas, jouent un rôle clé dans la poursuite des responsables. Le livre met en lumière les défis que rencontrent ces institutions, qu'il s'agisse de l'immunité des chefs d'État, de la collecte de preuves dans les zones de conflit ou des difficultés de coopération internationale. Il examine également les lacunes de la justice internationale, notamment l'impunité de certains responsables, et les raisons pour lesquelles certains crimes restent impunis, malgré les efforts juridiques.

Un autre objectif de ce livre est de mettre en évidence l'évolution du droit pénal international en réponse aux nouvelles réalités des conflits armés. Cela inclut les crimes commis par des acteurs non étatiques, tels que les groupes armés ou les mercenaires, et les défis juridiques posés par des phénomènes modernes comme la guerre cybernétique. Ces nouvelles formes de guerre nécessitent une adaptation du droit international humanitaire et des mécanismes de justice pénale, afin de répondre aux défis posés par des acteurs non étatiques ou des technologies de guerre avancées.

Enfin, ce livre s'intéresse à l'importance de la prévention des crimes de guerre, en soulignant le rôle indispensable de l'éducation au droit international humanitaire, tant dans les armées que dans les écoles, et la nécessité d'une documentation proactive des violations potentielles. L'objectif est de montrer que la justice pénale internationale, bien qu'essentielle, ne peut être le seul moyen de lutte contre les crimes de guerre. La prévention, par une meilleure éducation et une meilleure coopération internationale, est tout aussi nécessaire pour limiter les atrocités et protéger les principes fondamentaux de l'humanité.

Ainsi, ce livre vise à offrir une compréhension complète des crimes de guerre, en explorant à la fois les bases juridiques qui les définissent, les mécanismes juridiques pour les prévenir et les punir, ainsi que les défis auxquels le droit pénal international fait face dans un monde en constante évolution. Il invite à une réflexion sur l'efficacité des instruments existants, sur les améliorations possibles et sur la manière dont la communauté internationale peut mieux coopérer pour protéger les droits humains et garantir la justice pour les victimes des crimes de guerre.

Chapitre 1 : Cadre juridique des crimes de guerre

La notion de crimes de guerre s'inscrit dans un cadre juridique rigoureux qui a évolué au fil du temps, en réponse aux atrocités commises lors des conflits armés. Ce cadre, fondé sur le droit international humanitaire (DIH), vise à protéger les civils, les prisonniers de guerre et les combattants hors de combat, tout en limitant les souffrances infligées lors des hostilités.

1. **Origines et développement du droit international humanitaire**

Avant même l'émergence du DIH moderne, les premières tentatives de régulation des conflits armés remontent aux traités de Westphalie en 1648, qui ont posé les bases du droit international en établissant des principes de souveraineté et d'équilibre des puissances en Europe. Bien que ces traités ne concernaient pas directement les droits des individus en temps de guerre, ils ont jeté les bases de la diplomatie internationale et des relations entre États.

Au XIXe siècle, des efforts plus spécifiques ont été faits pour protéger les personnes touchées par les conflits. La Déclaration de Saint-Pétersbourg de 1868, par exemple, a interdit l'utilisation de certaines armes, comme les balles explosives, en raison de leur caractère inhumain. Ce fut l'une des premières initiatives internationales visant à limiter les moyens de guerre en fonction de leur brutalité. Toutefois, c'est en 1864, avec la signature de la première Convention de Genève, que le

DIH moderne a véritablement pris forme. Cette convention, initiée par Henri Dunant, fondateur de la Croix-Rouge, a établi des règles pour la protection des blessés et malades sur le champ de bataille, marquant ainsi une avancée majeure dans la codification des lois de la guerre.

L'évolution du DIH s'est poursuivie au XXe siècle avec la révision des Conventions de Genève en 1949 après les horreurs de la Seconde Guerre mondiale, qui ont renforcé la protection des prisonniers de guerre et des civils. Les protocoles additionnels de 1977 ont adapté ces règles aux nouveaux types de conflits, notamment les guerres civiles. En parallèle, la création de tribunaux internationaux comme le Tribunal pénal international pour l'ex-Yougoslavie (TPIY) et pour le Rwanda (TPIR) a permis de juger les responsables de crimes de guerre, contribuant ainsi à l'application des principes du DIH.

Ainsi, cette partie retrace l'histoire du DIH, depuis les premières règles de la guerre dans les traités de Westphalie et la Déclaration de Saint-Pétersbourg jusqu'à la création de la Cour pénale internationale (CPI), en soulignant l'évolution continue des normes internationales visant à limiter la brutalité des conflits et à protéger les victimes.

- **Les premières règles de la guerre (traités de Westphalie, Déclaration de Saint-Pétersbourg).**

L'histoire du droit de la guerre remonte à plusieurs siècles, bien avant l'apparition d'un droit international humanitaire structuré. Les premières règles relatives à la conduite des hostilités et à la protection des individus pendant les conflits armés ont émergé à travers des traités et des déclarations visant à limiter les effets destructeurs des guerres sur les populations et à encadrer les pratiques militaires. Parmi ces premières règles, deux jalons majeurs sont les traités de Westphalie (1648) et la Déclaration de Saint-Pétersbourg (1868).

1. Les traités de Westphalie (1648) : Une première régulation de la guerre moderne

Les traités de Westphalie, signés en 1648 à la suite de la guerre de Trente Ans en Europe (1618-1648) et de la guerre de Quatre-Vingts Ans entre l'Espagne et les Provinces-Unies, ont marqué un tournant fondamental dans l'histoire des relations internationales. Bien qu'ils n'aient pas été spécifiquement conçus pour réguler la guerre au sens moderne du terme, ces traités ont introduit des principes qui allaient façonner la conception de la guerre dans l'Europe de l'époque et au-delà.

Les traités de Westphalie (le traité de Munster et celui d'Osnabrück) ont permis de mettre fin à des décennies de conflits religieux et politiques et ont réorganisé les frontières et les pouvoirs en Europe. Ce qui est essentiel dans ce contexte, c'est que ces traités ont jeté les bases de ce que l'on pourrait appeler la "guerre moderne", marquée par la reconnaissance de la souveraineté des États et de leur droit de faire la guerre selon leurs intérêts.

Certains des principes qui se dégagent des traités de Westphalie sont importants pour la régulation des conflits à venir :

- **Souveraineté des États** : Les traités de Westphalie ont posé les bases de l'ordre international moderne, dans lequel les États sont considérés comme les acteurs souverains des relations internationales. Cela implique qu'un État a le droit de faire la guerre pour défendre ses intérêts, mais aussi l'obligation de respecter certaines règles de conduite, bien qu'elles ne soient pas encore définies de manière précise. Ce principe de souveraineté a été la base de l'approche des relations internationales pendant plusieurs siècles, et il a influencé la manière dont les guerres étaient menées, notamment en excluant toute forme d'ingérence étrangère dans les affaires internes d'un État.

- **Limitation des conflits** : Bien que les traités de Westphalie n'aient pas instauré de règles précises régissant la conduite des guerres, ils ont néanmoins posé le principe selon lequel les conflits doivent être menés de manière à respecter un certain ordre établi.

Les négociations de Westphalie ont cherché à éviter la prolongation de la guerre par des accords qui cherchaient à limiter l'intensité des affrontements, bien qu'il n'existât pas encore de droit international humanitaire tel qu'on le conçoit aujourd'hui.

Ainsi, bien que les traités de Westphalie n'aient pas directement formulé de règles sur les moyens de guerre ou la protection des civils, ils ont eu un impact majeur en établissant une vision du droit international qui a ouvert la voie à des développements ultérieurs dans la régulation de la guerre.

2. La Déclaration de Saint-Pétersbourg (1868) : Vers une limitation des moyens de guerre

Plusieurs siècles après les traités de Westphalie, des progrès significatifs ont été réalisés dans la définition des règles régissant la guerre, avec un tournant décisif sur le plan humanitaire. L'un des premiers exemples de la volonté internationale de limiter les effets de la guerre sur les populations et de réglementer les armes utilisées a été la Déclaration de Saint-Pétersbourg de 1868, signée par plusieurs grandes puissances de l'époque, dont la Russie, la France, le Royaume-Uni, et l'Empire Ottoman.

La Déclaration de Saint-Pétersbourg visait à interdire l'utilisation de certains types d'armement, plus précisément les projectiles explosifs de faible diamètre (appelés "balles explosives"). Ce type d'armement avait la capacité de provoquer des blessures graves, ineffaçables et extrêmement douloureuses. L'idée derrière cette déclaration était de réduire la souffrance des soldats pendant les conflits armés. Il s'agissait donc d'un premier effort pour introduire une limitation des moyens de guerre dans un cadre juridique international, fondé sur des principes humanitaires.

La Déclaration stipulait que :

- **L'usage de projectiles qui provoquent une douleur excessive** ou une souffrance inutile était interdit. Les armes qui infligeaient des blessures plus graves que celles infligées par des projectiles traditionnels étaient considérées comme inhumaines et donc proscrites.
- **Objectif humanitaire** : Cette déclaration s'inscrivait dans une préoccupation humanitaire plus large, cherchant à limiter les souffrances inutiles pendant la guerre et à garantir que les armes utilisées soient proportionnées aux objectifs militaires. L'intention n'était pas seulement d'encadrer la guerre de manière pragmatique, mais aussi de reconnaître un certain principe moral dans la conduite des hostilités.

Cependant, la Déclaration de Saint-Pétersbourg présente certaines limites importantes :

- **Manque de force contraignante** : Bien qu'elle fût signée par de nombreuses puissances européennes, elle ne constituait qu'une déclaration de principe, sans mécanismes de sanction ou de contrôle véritable pour en assurer l'application. Ce caractère non contraignant a réduit son impact concret sur les pratiques militaires de l'époque.

- **Limitation des domaines abordés** : La déclaration se concentrait principalement sur les types d'armement, sans aborder d'autres aspects essentiels de la guerre, comme la protection des civils ou la régulation des méthodes de combat. De ce fait, elle ne représentait qu'un aspect partiel de ce qui allait devenir plus tard un ensemble beaucoup plus large de normes régissant la guerre.

En dépit de ces limites, la Déclaration de Saint-Pétersbourg a marqué une avancée importante dans le processus de codification du droit de la guerre. Elle a préparé le terrain pour des développements futurs en matière de droit international humanitaire, notamment en établissant la nécessité de limiter la souffrance humaine liée aux armes utilisées en guerre.

Les traités de Westphalie et la Déclaration de Saint-Pétersbourg illustrent les premières tentatives de régulation des conflits armés à travers des principes qui ont évolué avec le temps. Tandis que les traités de Westphalie ont jeté les bases de l'ordre international moderne en introduisant la notion de souveraineté étatique, la Déclaration de Saint-Pétersbourg a posé des premières pierres pour l'élaboration de règles humanitaires visant à limiter les souffrances des soldats sur les champs de bataille. Ces événements ont permis l'émergence progressive d'une conscience collective internationale cherchant à humaniser la guerre, amorçant un processus qui culminera plus tard avec la codification des **Conventions de Genève** et des autres instruments de droit international humanitaire.

- Les Conventions de Genève (1864, 1906, 1929, 1949) et leurs Protocoles additionnels.

Les Conventions de Genève sont l'un des piliers du droit international humanitaire (DIH) et constituent des instruments juridiques essentiels pour la protection des personnes pendant les conflits armés. Leur objectif est de limiter les souffrances infligées aux individus lors des guerres en imposant des règles claires concernant la conduite des hostilités, la protection des blessés et des malades, ainsi que celle des prisonniers de guerre et des civils. Depuis la première Convention de Genève de 1864 jusqu'aux Protocoles additionnels de 1977 et 2005, ces instruments ont évolué pour répondre aux nouveaux défis des conflits armés, tout en renforçant progressivement les principes humanitaires.

La première Convention de Genève (1864)

La naissance du droit international humanitaire moderne trouve son origine dans la première Convention de Genève, signée en

1864, suite à l'initiative d'Henri Dunant, fondateur de la Croix-Rouge. Cette première convention visait à améliorer la situation des blessés et des malades sur le champ de bataille, en imposant aux belligérants l'obligation de porter secours aux blessés, qu'ils soient soldats ou civils, sans distinction de nationalité. La Convention de Genève de 1864 a posé plusieurs principes essentiels :

- **La neutralité des services médicaux** : Les personnels médicaux, ainsi que les hôpitaux et ambulances, devaient être protégés des attaques et considérés comme neutres. Les soins de santé ne devaient pas être entravés, et les médecins et autres personnels médicaux devaient être autorisés à accomplir leur travail sans interférence.
- **L'emblème de la croix rouge** : Cette convention a également permis la création de l'emblème de la croix rouge, qui est aujourd'hui un symbole universellement reconnu de protection dans les conflits armés. Toute personne portant cet emblème bénéficie de la protection des règles humanitaires.
- **La réciprocité des obligations** : La Convention exigeait que tous les belligérants respectent les mêmes règles et assurent la protection des blessés sans discrimination, indépendamment de leur origine ou de leur appartenance à un camp particulier.

Bien que cette première Convention ait marqué un grand pas vers l'humanisation des conflits, elle n'a cependant pas pris en compte d'autres aspects importants de la guerre, tels que la protection des prisonniers de guerre ou des civils, et elle ne s'appliquait que dans le cadre des conflits internationaux entre États.

La deuxième Convention de Genève (1906)

Face à l'évolution des armes et des techniques de guerre, notamment avec l'apparition de nouvelles formes de violence et de plus grandes brutalités sur les champs de bataille, la communauté internationale a estimé nécessaire de réviser la Convention de 1864. La deuxième Convention de Genève, adoptée en 1906, a élargi les protections et a introduit des mesures supplémentaires pour la gestion des blessés et des malades en mer. À cette époque, les conflits navals prenaient une ampleur considérable, et il était indispensable de garantir la sécurité des équipages et des blessés en mer, qui, auparavant, n'étaient pas suffisamment pris en charge.

Cette révision a notamment introduit des dispositions importantes telles que :

- **La protection des navires-hôpitaux** : Ces navires, chargés d'évacuer ou de soigner les blessés en mer, étaient désormais protégés par les règles de la guerre, ce

qui garantissait leur neutralité et leur immunité face aux attaques.
- **La reconnaissance des ambulances et des hôpitaux sur mer** : Ces installations devaient être respectées et ne pouvaient être attaquées que dans des circonstances exceptionnelles.

Bien que cette révision soit restée centrée sur la protection des blessés et des malades, elle a marqué un progrès important dans la portée de l'action humanitaire, en incluant les aspects liés à la guerre navale.

La troisième Convention de Genève (1929)

La troisième Convention de Genève, adoptée en 1929, représente une avancée majeure dans le cadre de la régulation des traitements infligés aux prisonniers de guerre. Avant cette date, bien que des règles de conduite existaient pour protéger les personnes hors de combat, les prisonniers de guerre étaient souvent traités avec une grande brutalité et subissaient des conditions de détention inhumaines.

Cette convention a instauré des normes plus strictes sur le traitement des prisonniers de guerre, incluant :

- **La protection des prisonniers** : Ils devaient être traités humainement, recevoir une alimentation adéquate et être protégés contre les violences. Il était interdit de

soumettre les prisonniers à des traitements cruels, humiliants ou dégradants.
- **Le respect de leur statut** : Les prisonniers de guerre devaient être considérés comme des combattants hors de combat, et leur statut devait être respecté, même s'ils avaient été capturés lors de conflits violant les lois de la guerre.
- **Les conditions de détention** : La Convention imposait des règles strictes sur les conditions de vie dans les camps de prisonniers, avec des exigences en matière d'hygiène, d'alimentation et de soins médicaux.

Cette révision visait à renforcer les protections juridiques pour les prisonniers et à faire en sorte que ces règles soient appliquées de manière plus systématique.

Les quatre Convention de Genève (1949) et leurs Protocoles additionnels de 1977.

Les quatre Conventions de Genève de 1949 constituent les instruments juridiques les plus importants du droit international humanitaire (DIH). Adoptées le 12 août 1949, elles ont été élaborées à la suite de la Seconde Guerre mondiale, qui a révélé l'ampleur des atrocités commises contre les populations civiles, les blessés, les malades et les prisonniers de guerre. Ces conventions ont été signées par la quasi-totalité des États du monde et sont considérées comme des instruments fondamentaux qui régissent la conduite des hostilités et la protection des personnes pendant les conflits armés.

Les quatre Conventions de Genève de 1949 traitent de la protection de différentes catégories de personnes en temps de guerre, en mettant l'accent sur l'humanisation des conflits armés. Chacune d'elles vise à protéger un groupe spécifique ou à codifier des règles particulières concernant la conduite de la guerre.

La première Convention de Genève de 1949: La protection des blessés et des malades dans les forces armées sur terre

La première Convention de Genève de 1949 vise principalement à protéger les blessés et les malades militaires sur le champ de bataille. Bien que la protection des blessés ait déjà été abordée dans la Convention de 1864, cette révision a étendu et renforcé les dispositions existantes pour prendre en compte l'évolution des moyens de guerre et les nouveaux défis humanitaires.

Les points clés de cette convention comprennent :

- **La neutralité des établissements médicaux** : Les hôpitaux militaires, les ambulances et les équipes médicales doivent être protégés et respectés par toutes les parties au conflit, qu'elles soient en guerre ou non. Ces établissements sont considérés comme des zones

neutres et ne peuvent être attaqués ni utilisés à des fins militaires.
- **L'assistance humanitaire** : Les parties au conflit doivent permettre l'accès aux organisations humanitaires (comme la Croix-Rouge) pour fournir des soins médicaux aux blessés et malades. Cette obligation de permettre l'assistance humanitaire se poursuit, même en temps de guerre, sauf dans des circonstances exceptionnelles.
- **Les transports sanitaires** : Les véhicules médicaux, ambulances et navires-hôpitaux bénéficient d'une protection spéciale. Ils ne doivent pas être attaqués et doivent être autorisés à circuler librement sur le terrain de guerre.

Cette première Convention a joué un rôle essentiel en établissant des protections claires pour les blessés, mais aussi en soulignant la nécessité d'une intervention humanitaire dans les zones de conflit.

La deuxième Convention de Genève de 1949 : La protection des blessés, des malades et du personnel sanitaire en mer

La deuxième Convention de Genève de 1949 s'inscrit dans la continuité de la première, mais se concentre spécifiquement sur les blessés, les malades et le personnel sanitaire en mer, en particulier lors des conflits navals. Avant cette révision, les règles relatives aux blessés en mer étaient souvent insuffisantes et peu définies, car les conventions précédentes n'avaient pas pris en compte les particularités des combats en mer.

Les dispositions clés de cette convention incluent :

- **La protection des navires-hôpitaux** : Ces navires, qui transportent des blessés ou des malades, sont considérés comme des zones neutres et doivent être protégés contre les attaques. Ils doivent être facilement identifiables grâce à des signes distinctifs, comme la Croix-Rouge, pour éviter toute confusion pendant les combats.
- **Le traitement des blessés et des malades en mer** : Les blessés et les malades doivent être pris en charge sans distinction de nationalité ou de camp. Cela signifie que même si un soldat ennemi est trouvé blessé en mer, il doit être secouru et soigné, selon le principe de neutralité de l'aide humanitaire.
- **Les obligations des belligérants** : Les États doivent prendre les mesures nécessaires pour faciliter l'assistance médicale et permettre le sauvetage des naufragés, quelles que soient leurs nationalités.

La deuxième Convention a ainsi permis de combler les lacunes juridiques existantes en matière de guerre navale et de renforcer la protection des blessés et des malades sur mer.

La troisième Convention de Genève de 1949 : Le traitement des prisonniers de guerre

La troisième Convention de Genève de 1949, l'une des plus importantes, s'attache à la protection des prisonniers de guerre (PG). Avant cette révision, les règles concernant le traitement des prisonniers de guerre étaient fragmentées et souvent ignorées ou mal appliquées. La Seconde Guerre mondiale, marquée par de nombreuses atrocités envers les prisonniers, a mis en lumière la nécessité de codifier de manière plus stricte leurs droits et leur traitement.

Les principaux principes de cette convention incluent :

- **Le respect des prisonniers** : Les prisonniers de guerre doivent être traités avec dignité et respect, sans distinction de race, de religion ou de nationalité. Ils doivent bénéficier de conditions de vie décentes, de nourriture et de soins médicaux. Ils ne doivent pas être soumis à des traitements cruels, inhumains ou dégradants.
- **Le droit à la correspondance et aux visites** : Les prisonniers ont le droit d'envoyer et de recevoir des lettres, et ils peuvent être visités par des représentants d'organisations humanitaires, comme la Croix-Rouge, qui s'assurent du respect de leurs droits.
- **Le travail des prisonniers** : Si les prisonniers sont contraints de travailler, ils doivent être employés dans

des conditions humaines, sans mise en danger de leur santé. Leur travail ne peut être utilisé comme une forme de punition.
- **Le retour des prisonniers après la guerre** : Une fois la guerre terminée, les prisonniers doivent être rapatriés dans leur pays d'origine dans les meilleurs délais possibles.

Cette Convention représente une avancée considérable dans la reconnaissance des droits des prisonniers de guerre et dans la mise en place de règles qui leur assurent des conditions de vie plus humaines pendant leur détention.

La quatrième Convention de Genève de 1949 : La protection des civils en temps de guerre

La **quatrième Convention** de Genève de 1949 est, sans doute, l'une des plus significatives dans l'histoire du droit international humanitaire, car elle traite de la protection des **civils** pendant les conflits armés, un domaine qui, jusque-là, avait été largement négligé dans les conventions précédentes. La Seconde Guerre mondiale a révélé les horreurs subies par les civils, qui sont devenus des cibles privilégiées des violences de guerre. Les souffrances infligées aux populations civiles ont conduit à la reconnaissance de la nécessité de les protéger.

Les principaux aspects de cette convention incluent :

- **La protection des civils** : Les civils ne doivent pas être attaqués délibérément. Ils doivent être protégés contre les effets des hostilités. En particulier, les attaques indiscriminées et les stratégies militaires visant des zones peuplées sont interdites.
- **La protection des personnes déplacées** : Les civils ne peuvent être déplacés de force, sauf pour des raisons de sécurité militaire, et doivent être protégés contre les conditions qui pourraient les exposer à des souffrances supplémentaires, comme les déplacements massifs.
- **Les zones de protection** : La Convention prévoit la création de zones protégées, telles que les hôpitaux et les zones d'asile, pour fournir un refuge aux civils en temps de guerre.
- **Les droits de la personne en période d'occupation** : En cas d'occupation d'un territoire par une puissance étrangère, cette puissance doit respecter les droits fondamentaux des civils, garantir leur sécurité et leur bien-être, et assurer un accès humanitaire à la population.

La quatrième Convention a ouvert un nouveau chapitre dans la protection des civils en période de guerre, en codifiant des principes essentiels de sécurité et de respect des droits humains, même en temps de conflit.

Les quatre Conventions de Genève de 1949 ont radicalement transformé le paysage du droit international humanitaire en élargissant et en renforçant la protection des personnes pendant les conflits armés. Elles ont permis de mieux encadrer les pratiques militaires, de protéger les blessés et malades, les prisonniers de guerre, ainsi que les civils. Ces conventions, ratifiées par la majorité des États, continuent de constituer la base du droit de la guerre et sont renforcées par des Protocoles additionnels qui ont permis d'adapter ces principes aux réalités des conflits modernes.

En complément de ces Conventions, les Protocoles additionnels de 1977 et de 2005 ont été adoptés pour répondre aux évolutions des conflits armés, notamment les guerres non internationales et les conflits asymétriques.

Les Protocoles additionnels de 1977 sont particulièrement importants car ils ont étendu la protection des civils et des combattants dans des conflits internes, qui représentaient alors une part croissante des guerres contemporaines. Ils ont mis en avant des principes tels que :

- **L'interdiction des attaques indiscriminées** : Celles-ci sont prohibées, de même que les attaques susceptibles de causer des pertes excessives de vies humaines ou de biens en comparaison avec l'avantage militaire attendu.

- **La protection des personnes et des biens** : Les Protocoles ont renforcé la protection des personnes et des biens contre les effets de la guerre, y compris en matière de déminage et de sécurité dans les zones de conflit.

Le Protocole additionnel de 2005 a poursuivi ce travail en actualisant les règles concernant l'emblème et en créant un nouvel symbole, qui à notre avis ajoute à la confusion plus qu'il ne règle le problème de la neutralité religieuse du signe.

Les Conventions de Genève et leurs Protocoles additionnels représentent l'épine dorsale du droit international humanitaire moderne. À travers les révisions successives, ces instruments ont progressivement élargi et renforcé la protection des personnes pendant les conflits armés, allant de la protection des blessés et des malades à la prise en compte des civils, des prisonniers de guerre et des combattants hors de combat. Ces conventions et protocoles ont non seulement codifié des règles de conduite pour les belligérants, mais ils ont également posé les bases d'un système juridique qui cherche à humaniser la guerre et à limiter les souffrances inutiles en temps de conflit. Aujourd'hui, ils restent des instruments essentiels dans la régulation des conflits armés et la protection des droits humains en période de guerre.

- **La Déclaration de La Haye de 1899 :**

La Déclaration de La Haye, adoptée lors de la Conférence de La Haye de 1899, est l'un des premiers instruments importants du droit international qui a cherché à limiter les souffrances causées par la guerre et à établir des règles sur la conduite des hostilités. Elle a été signée par plusieurs puissances mondiales de l'époque, dans le but de codifier certaines pratiques militaires et de promouvoir la limitation des moyens de guerre, dans une période marquée par l'essor des armes modernes. Cette Déclaration est d'autant plus significative qu'elle représente une étape majeure dans l'histoire de la régulation des conflits armés.

Cependant, bien qu'elle ait constitué un progrès notable dans la recherche de solutions pacifiques et humanitaires en période de guerre, la Déclaration de La Haye présente plusieurs limites qu'il est essentiel de comprendre, notamment en raison de son application restreinte et de son caractère non contraignant.

Contexte et objectifs de la Déclaration de La Haye

La Conférence de La Haye de 1899 s'inscrivait dans un contexte de tensions internationales croissantes, avec la multiplication des armements modernes et l'extension des empires coloniaux, ainsi qu'une prise de conscience croissante des conséquences humanitaires des conflits. L'idée derrière la Déclaration de La Haye était de tenter de limiter la brutalité de la guerre en imposant des règles concernant les méthodes de combat et la manière dont les belligérants pouvaient traiter les populations et les prisonniers.

Le texte de la Déclaration visait notamment à :

- **Interdire l'usage de certaines armes inhumaines** : L'un des principaux objectifs de la Déclaration était de limiter les moyens militaires jugés inhumains, notamment l'utilisation de projectiles explosifs de faible calibre, comme les **balles explosives**, qui infligeaient des blessures particulièrement graves et douloureuses.

- **Encadrer les méthodes de guerre** : La Déclaration a cherché à établir des règles concernant l'utilisation des armes, les règles de la guerre et les responsabilités des parties belligérantes, avec une attention particulière portée aux moyens de combat.

- **Éviter l'extension des conflits** : L'un des objectifs sous-jacents à la conférence de La Haye était de prévenir l'escalade des guerres, en posant les bases d'une régulation et d'une intervention internationales dans le cas de conflits violant les normes humanitaires.

Ainsi, la Déclaration de La Haye peut être vue comme une première tentative de codifier certaines règles de guerre dans le but de protéger les populations non combattantes et de réduire la souffrance humaine pendant les conflits armés.

Les principales dispositions de la Déclaration de La Haye

La Déclaration de La Haye se compose de plusieurs parties et prend en compte différents aspects de la guerre. Parmi les points principaux abordés, on peut citer :

1. **L'interdiction des projectiles de faible calibre (balles explosives)** : La Déclaration de La Haye a spécifiquement interdit l'utilisation de balles explosives, qui avaient la capacité de détruire gravement les tissus humains et de provoquer des blessures extrêmement douloureuses. Cette interdiction visait à limiter l'usage de technologies militaires jugées cruelles et inadaptées à la guerre moderne.

2. **La réglementation des armes chimiques et biologiques** : Bien que la Déclaration de La Haye ne mentionne pas spécifiquement les armes chimiques ou biologiques, elle ouvre la voie à l'idée qu'il est nécessaire d'encadrer l'utilisation d'armements susceptibles d'infliger des souffrances disproportionnées, en particulier celles qui ne peuvent être contrôlées et qui affectent massivement les populations civiles.

3. **L'interdiction des armes chimiques** : Bien que la Déclaration de 1899 n'interdise pas directement les armes chimiques, elle marque un tournant dans les

discussions internationales concernant la guerre chimique, en établissant un précédent pour des interdictions futures, telles que celles définies dans la Convention de 1925 sur l'interdiction des gaz asphyxiants et autres gaz.
4. **La protection des personnes et des biens** : Un autre objectif de la Déclaration était de limiter les dommages collatéraux aux civils et à leurs biens. Les règles établies cherchaient à éviter les destructions inutiles, comme l'attaque de biens culturels ou la destruction des installations civiles essentielles.

Les limites de la Déclaration de La Haye

Malgré ces objectifs ambitieux, la Déclaration de La Haye de 1899 présente plusieurs limites importantes qui en ont restreint l'efficacité et l'impact :

1. **Le caractère non contraignant** : L'une des principales faiblesses de la Déclaration réside dans son caractère non contraignant. En effet, bien qu'elle ait été signée par plusieurs grandes puissances, la Déclaration de La Haye ne créait pas de mécanismes de sanctions ou d'obligations juridiques strictes pour les États signataires. Elle reposait largement sur le bon vouloir des États pour respecter ses principes. Cela signifiait que, bien que la Déclaration établisse des règles

morales et humanitaires, il n'y avait pas de moyens juridiques formels pour faire respecter ces règles en cas de violation.

2. **Des limitations dans son champ d'application** : La Déclaration de La Haye ne portait que sur un nombre restreint d'aspects de la guerre. En particulier, elle ne traitait pas de la protection des civils ou des prisonniers de guerre, ni de la régulation des méthodes de guerre plus larges, telles que les attaques contre des cibles militaires ou civiles. En outre, la question de l'interdiction des armes chimiques ou biologiques n'a été abordée que plus tard, avec la signature de la Convention de Genève de 1925.

3. **L'absence de règles sur les conflits asymétriques** : La Déclaration a été rédigée à une époque où les conflits opposaient principalement des États militaires relativement équivalents. Cependant, elle ne prenait pas en compte les évolutions des conflits modernes, tels que ceux impliquant des guerres asymétriques, des groupes non étatiques ou des conflits coloniaux. Les règles ne s'appliquaient pas forcément de la même manière aux guerres de guérilla ou aux confrontations entre puissances coloniales et peuples colonisés.

4. **L'absence de mécanismes de surveillance et d'application** : Contrairement aux Conventions de

Genève de 1949 et à leurs Protocoles additionnels, qui ont introduit des mécanismes de surveillance et des commissions d'enquête pour vérifier le respect des règles, la Déclaration de La Haye ne comportait aucun dispositif concret permettant de vérifier si les États respectaient ses règles ni de moyens d'intervenir en cas de violation.

5. **Le manque d'inclusion des victimes civiles** : Bien que la Déclaration vise à limiter certaines méthodes de guerre, elle ne prend pas directement en compte la protection des civils ou la régulation des violences à leur encontre. La question de la protection des populations non combattantes dans les conflits armés serait abordée plus en profondeur avec l'adoption des Conventions de Genève de 1949.

La Déclaration de La Haye de 1899 représente un progrès significatif dans le développement du droit international humanitaire, notamment en cherchant à limiter l'utilisation de certaines armes cruelles et inhumaines et en imposant certaines règles concernant la conduite des hostilités. Toutefois, ses limites étaient évidentes, notamment en raison de son caractère non contraignant, de son champ d'application restreint et de son manque de mécanismes d'application. Bien que la Déclaration de La Haye ait jeté les bases de discussions futures sur la régulation de la guerre, son impact concret a été limité et ses principes ont été progressivement renforcés et élargis par des instruments plus spécifiques et contraignants, comme les Conventions de Genève de 1949. Cependant, elle reste un jalon important dans l'histoire du droit humanitaire et de la limitation des souffrances liées aux conflits armés.

2. Définition et classification des crimes de guerre

Les crimes de guerre sont des violations graves du droit international humanitaire, commises lors de conflits armés. Ils englobent un large éventail d'infractions qui affectent la protection des personnes et des biens en temps de guerre. Ces crimes sont définis par des instruments juridiques tels que les Conventions de Genève de 1949 et leurs protocoles additionnels, ainsi que par le Statut de Rome de la Cour pénale internationale (CPI).

Les crimes de guerre incluent des actes comme le meurtre, la torture, ou le traitement inhumain de prisonniers de guerre, ainsi que les attaques délibérées contre des civils ou des biens civils. Ils peuvent aussi concerner l'utilisation de méthodes de guerre interdites, telles que les armes chimiques ou biologiques, ou encore l'attaque de lieux protégés, comme les hôpitaux.

En termes de classification, les crimes de guerre peuvent être divisés en deux grandes catégories : les crimes de guerre « internationaux », qui se produisent lors de conflits armés entre États, et les crimes de guerre « non internationaux », qui ont lieu lors de conflits armés internes, comme les guerres civiles. Ces distinctions sont importantes car elles influencent les mécanismes juridiques et les juridictions compétentes pour juger les responsables.

- Les actes constitutifs de crimes de guerre selon le Statut de Rome (article 8).

Le Statut de Rome de la Cour pénale internationale (CPI), adopté en 1998 et entré en vigueur en 2002, est un document fondamental qui définit les crimes internationaux, y compris les crimes de guerre, et établit le cadre juridique permettant leur poursuite au niveau international. L'article 8 du Statut de Rome énonce spécifiquement les actes constitutifs des crimes de guerre, en les détaillant de manière exhaustive. Ce texte constitue donc la base juridique de la répression des violations graves des lois et coutumes de la guerre.

Les crimes de guerre définis par l'article 8 du Statut de Rome font référence à des actes commis en temps de conflit armé, qu'il s'agisse de conflits internationaux ou non internationaux, qui violent les règles du droit international humanitaire (DIH). Le DIH, qui repose en grande partie sur les Conventions de Genève et leurs Protocoles additionnels, vise à protéger les personnes et les biens pendant les conflits, en limitant les souffrances humaines.

Les crimes de guerre selon l'article 8 du Statut de Rome

L'article 8 du Statut de Rome distingue deux grandes catégories de crimes de guerre : ceux commis lors de conflits armés internationaux et ceux commis lors de conflits armés non internationaux. Ces deux catégories sont définies de manière spécifique et englobent une large variété d'actes, allant des attaques directes contre des civils jusqu'à l'utilisation de certaines armes ou méthodes de guerre jugées illégales.

L'article 8 détaille ces crimes dans deux grandes sections : les crimes de guerre relatifs aux conflits armés internationaux (section 2) et ceux relatifs aux conflits armés non internationaux (section 3). Cependant, il est également important de noter que la jurisprudence de la Cour pénale internationale et les évolutions du droit international humanitaire ont enrichi et approfondi la compréhension de ces infractions.

Les actes constitutifs de crimes de guerre, selon l'article 8, peuvent être analysés en fonction de plusieurs éléments clés, que sont les violations des lois et coutumes de la guerre, l'intention criminelle (dolus) et les actes prohibés par les instruments juridiques internationaux.

1. Les violations des lois et coutumes de la guerre

Les crimes de guerre sont définis comme des violations graves des lois et coutumes de la guerre. Ces lois et coutumes sont issues des Conventions de Genève de 1949, de leurs Protocoles additionnels de 1977, ainsi que d'autres instruments tels que la Déclaration de La Haye et les lois de Nuremberg. L'objectif du droit international humanitaire est de protéger les personnes qui ne participent pas activement aux hostilités, comme les civils, les blessés, les prisonniers de guerre et le personnel médical. De plus, il interdit de recourir à des moyens de guerre inhumains, tels que l'utilisation d'armes qui causent des souffrances inutiles.

Les violations de ces lois peuvent inclure des actes comme les attaques directes contre des civils, l'utilisation de méthodes de guerre indiscriminées, ou encore le traitement cruel et inhumain des prisonniers de guerre. Ces actes sont considérés comme des **crimes de guerre** au regard du Statut de Rome.

2. Les actes spécifiques constitutifs de crimes de guerre

L'article 8 du Statut de Rome énumère un ensemble d'actes spécifiques constitutifs de crimes de guerre, qui peuvent être regroupés en plusieurs catégories :

- **Les attaques délibérées contre des civils** : Cela inclut les attaques dirigées délibérément contre des personnes qui ne participent pas directement aux hostilités, telles que les civils, les travailleurs humanitaires ou les journalistes. L'article 8 stipule que de telles attaques sont des crimes de guerre, indépendamment du fait que les civils soient membres de groupes armés ou non.

- **Les attaques contre des biens protégés** : Selon le droit international humanitaire, certains biens, comme les hôpitaux, les écoles, et les lieux de culte, bénéficient d'une protection spéciale et ne peuvent pas être attaqués délibérément, sauf si ces biens sont utilisés à des fins militaires. Attaquer de tels biens constitue également un crime de guerre.

- **L'usage de méthodes de guerre inhumaines** : Cela comprend l'utilisation de certaines armes, comme les armes chimiques, biologiques, ou les armes à sous-munitions, qui causent des souffrances inutiles ou qui ne discriminent pas entre les combattants et les civils. Les **armes chimiques** et les **armes biologiques** sont expressément interdites par le droit international et leur usage constitue une violation grave des lois de la guerre.

- **Les traitements cruels ou inhumains des personnes hors de combat** : Cette catégorie inclut des actes comme la torture, les traitements dégradants, l'exécution sommaire de prisonniers de guerre, ou toute forme de violence infligée aux personnes qui ne sont plus directement impliquées dans les hostilités (blessés, prisonniers, civils). De tels actes sont des violations graves des Conventions de Genève et sont qualifiés de crimes de guerre.

- **L'attaque ou le bombardement indiscriminés** : L'article 8 interdit également les attaques indiscriminées, c'est-à-dire celles qui ne font pas de distinction entre les cibles militaires légitimes et les zones civiles. Les attaques qui risquent de causer des pertes en vies humaines ou des dommages aux biens civils disproportionnés par rapport à l'avantage militaire attendu sont également des crimes de guerre.

- **L'usage de la guerre de siège et des armes interdites** : L'utilisation du siège comme méthode de guerre est régulée par le droit international, et lorsqu'elle est pratiquée de manière à causer une souffrance excessive, elle constitue un crime de guerre. Par ailleurs, l'usage d'armes telles que les mines antipersonnel, les engins explosifs improvisés (EEI) ou les armes à sous-munitions qui ne font pas de distinction entre les combattants et les civils est également prohibé.

- **Les attaques contre les personnels médicaux et humanitaires** : Les travailleurs humanitaires et les personnels médicaux jouissent d'une protection spéciale en vertu du droit international humanitaire. Toute attaque délibérée contre ces personnes ou les moyens médicaux, comme les hôpitaux et les ambulances, constitue un crime de guerre.

- **Le recours à la prise d'otages** : Prendre des otages est expressément interdit par le droit international humanitaire. La prise de civils, de combattants capturés ou de personnes protégées en tant qu'otages dans un conflit armé constitue également un crime de guerre.

3. Les crimes de guerre dans le cadre des conflits armés non internationaux

L'article 8 du Statut de Rome traite également des crimes de guerre dans le cadre des conflits armés non internationaux, c'est-à-dire des conflits internes, impliquant des groupes armés non étatiques ou des conflits entre un État et un groupe rebelle. Bien que les principes fondamentaux du droit international humanitaire soient similaires dans les conflits internationaux et non internationaux, les crimes de guerre dans les conflits internes sont plus limités, car ils doivent être fondés sur les dispositions pertinentes du Protocole II additionnel aux Conventions de Genève de 1977.

Dans ce contexte, les actes constitutifs de crimes de guerre comprennent :

- **Les attaques dirigées contre des civils** : Comme dans les conflits internationaux, les attaques dirigées contre des civils ou des infrastructures civiles dans un conflit interne sont également des crimes de guerre.

- **L'exécution de représailles contre les civils ou les prisonniers** : Les représailles violentes contre des prisonniers de guerre ou des civils font partie des actes illégaux dans les conflits armés non internationaux. De telles actions constituent une violation des principes de distinction et de proportionnalité.

- **Le recours à la torture ou à des traitements cruels, inhumains ou dégradants** : Dans les conflits internes, la torture ou tout autre traitement inhumain des détenus ou des civils est également un crime de guerre, conformément aux règles du droit international humanitaire.

L'article 8 du Statut de Rome représente un cadre juridique détaillé et exhaustif concernant les actes constitutifs de crimes de guerre. Il reflète une avancée importante dans la protection des droits des personnes affectées par les conflits armés, en mettant l'accent sur l'interdiction de toute forme de violence disproportionnée ou inhumaine. En définissant clairement ce qui constitue un crime de guerre, cet article permet à la Cour pénale internationale de poursuivre et de juger les auteurs de ces actes, dans le but de mettre fin à l'impunité et de renforcer le respect du droit international humanitaire. Cependant, pour que ces principes aient un véritable impact, il est essentiel que les États, les organisations internationales et les acteurs non étatiques coopèrent pour garantir que les crimes de guerre soient efficacement poursuivis et que les responsables soient tenus responsables de leurs actes.

- Les infractions graves aux Convention de Genève :

Les infractions graves des Conventions de Genève se réfèrent aux violations particulièrement graves du droit international humanitaire, qui régit la conduite des conflits armés et protège les personnes qui ne participent pas directement aux hostilités. Ces infractions sont définies par les quatre Conventions de Genève de 1949, qui ont été complétées par des protocoles additionnels. Ces Conventions établissent un cadre juridique visant à limiter les souffrances humaines en période de guerre, en particulier pour les blessés, les malades, les prisonniers de guerre et les civils. Les infractions graves des Conventions de Genève sont également connues sous le nom de "crimes de guerre", et elles peuvent donner lieu à des poursuites pénales internationales ou nationales.

Les Conventions de Genève de 1949 et leurs protocoles additionnels définissent plusieurs types d'infractions graves, qui incluent des actes visant à protéger les personnes et les biens qui ne sont pas directement impliqués dans les hostilités. Ces actes sont considérés comme des violations des règles fondamentales du droit international humanitaire, et ils sont punissables en vertu du droit pénal international.

Violation des protections des blessés et des malades

Les Conventions de Genève prévoient des protections spécifiques pour les blessés et les malades, qu'ils soient membres des forces armées ou civils. L'Article 3 commun aux quatre Conventions de Genève, qui s'applique à tous les conflits armés, interdit un certain nombre d'actes de violence, y compris les attaques contre les blessés et les malades, qu'ils soient sous la garde de l'une ou l'autre des parties au conflit. Cette disposition interdit également le traitement cruel, dégradant ou inhumain des blessés, ainsi que leur exécution sans procès.

Les actes consistant à tuer, blesser ou torturer des personnes protégées, comme les blessés et les malades, sont considérés comme des infractions graves. De même, l'entrave à l'accès humanitaire, empêchant les secours de parvenir aux blessés et aux malades, constitue également une violation des obligations de protection prévues par les Conventions.

Violation des protections des prisonniers de guerre

Les prisonniers de guerre bénéficient également de protections spécifiques en vertu des Conventions de Genève, en particulier la Troisième Convention, qui régit leur traitement. L'Article 13 de cette Convention stipule que les prisonniers de guerre doivent être traités avec humanité et protégés contre toute forme de violence, de torture ou de traitement cruel. L'Article 17 interdit la prise d'otages parmi les prisonniers de guerre, et l'Article 20 protège leur droit à un procès équitable.

Les infractions graves à cette Convention incluent la torture, les exécutions sommaires, la prise d'otages, ainsi que les traitements inhumains ou dégradants réservés aux prisonniers de guerre. L'usage de la violence contre des prisonniers, leur détention dans des conditions inhumaines, ou leur exploitation dans des travaux forcés constituent des violations graves des obligations de protection des prisonniers de guerre.

Violation des protections des civils

Les Conventions de Genève, en particulier la Quatrième Convention, offrent des protections aux civils en temps de guerre. L'Article 27 de cette Convention interdit les actes de violence, les traitements cruels et inhumains, ainsi que les atteintes à la dignité des civils. Il est également interdit de prendre des civils en otage ou de les soumettre à des traitements dégradants.

Les infractions graves concernant les civils comprennent les attaques délibérées contre des populations civiles, la destruction injustifiée de biens civils, ainsi que l'imposition de conditions de vie inhumaines ou de déplacements forcés. L'attaque indiscriminée contre des cibles civiles, qui ne sont pas des objectifs militaires, est également une violation grave des Conventions de Genève, en particulier lorsqu'elle est délibérée ou disproportionnée.

Violation des règles de conduite des hostilités

Les Conventions de Genève et leurs protocoles additionnels interdisent l'utilisation de certaines méthodes et moyens de guerre, notamment ceux qui causent des souffrances inutiles ou des destructions disproportionnées. L'Article 35 du Protocole I additionnel de 1977 interdit l'emploi de moyens de guerre qui ne font pas la distinction entre les civils et les combattants, ou qui causent des souffrances superflues.

Les infractions graves incluent l'utilisation d'armes interdites, telles que les armes chimiques ou biologiques, ainsi que l'attaque délibérée d'objectifs civils ou de zones protégées, comme les hôpitaux et les écoles. L'usage de la terreur ou de la guerre totale, qui vise à briser la résistance de la population civile, est également une violation grave des règles de conduite des hostilités.

Les infractions graves et leur répression

Les infractions graves des Conventions de Genève sont considérées comme des crimes de guerre en vertu du droit international pénal. Selon l'Article 50 de la Première Convention, l'Article 51 de la Deuxième Convention, l'Article 130 de la Troisième Convention et l'Article 147 de la Quatrième Convention, ces infractions doivent être punies par les États parties. Les États sont tenus d'adopter des législations nationales pour réprimer ces infractions, et ils doivent poursuivre les auteurs de crimes de guerre, qu'ils soient membres de leurs propres forces armées ou d'autres groupes.

Le Statut de Rome de la Cour pénale internationale (CPI), qui est entré en vigueur en 2002, a codifié et renforcé les infractions graves des Conventions de Genève. L'Article 8 du Statut de Rome énumère les crimes de guerre, en précisant les violations des Conventions de Genève, y compris les attaques contre les civils, les traitements inhumains des prisonniers de guerre et des blessés, et l'utilisation de méthodes de guerre interdites. Le Statut de Rome a ainsi étendu le cadre juridique de la répression des crimes de guerre et a créé un mécanisme judiciaire international pour juger les responsables de ces infractions.

En conclusion, les infractions graves des Conventions de Genève constituent des violations fondamentales du droit international humanitaire, qui visent à protéger les personnes et les biens en période de conflit armé. Les Conventions de Genève et leurs protocoles additionnels imposent des obligations strictes aux parties au conflit pour garantir le respect des droits humains et prévenir les souffrances inutiles. Les violations de ces protections, qu'elles concernent les blessés, les prisonniers de guerre, les civils ou les méthodes de guerre, sont des crimes de guerre passibles de poursuites pénales, tant au niveau national qu'international.

- Différence entre crimes de guerre, crimes contre l'humanité et génocide.

Les concepts de crimes de guerre, crimes contre l'humanité et génocide sont des catégories juridiques distinctes dans le cadre du droit international, chacune visant à punir des actes particulièrement graves et odieux qui portent atteinte aux valeurs fondamentales de l'humanité. Bien que ces notions partagent certaines similitudes, elles se distinguent par leur portée, leurs éléments constitutifs et leur contexte d'application. Leurs définitions, telles qu'établies par des instruments juridiques internationaux tels que le Statut de Rome de la Cour pénale internationale (CPI) et d'autres textes comme la Convention pour la prévention et la répression du crime de génocide de 1948, offrent des distinctions claires entre ces trois catégories de crimes.

Les crimes de guerre

Les crimes de guerre sont des violations graves des lois et coutumes de la guerre, telles que définies par le droit international humanitaire (DIH), qui réglemente les comportements des belligérants en temps de guerre. Ces crimes concernent des actes commis pendant un conflit armé, que ce soit dans un conflit international (impliquant des États) ou non international (conflits internes, notamment entre un gouvernement et un groupe armé non étatique).

Les crimes de guerre incluent des actes qui violent directement les lois de la guerre, qui visent à protéger les civils, les prisonniers de guerre, les blessés et les personnes qui ne participent pas directement aux combats. Selon l'article 8 du Statut de Rome de la Cour pénale internationale (CPI), les crimes de guerre englobent, entre autres, les attaques indiscriminées ou délibérées contre des civils, l'emploi d'armes prohibées (comme les armes chimiques ou biologiques), la torture ou le mauvais traitement des prisonniers de guerre, le recours à des méthodes de guerre inhumaines et le traitement cruel des blessés ou des personnes hors de combat.

Ce type de crime peut être commis aussi bien par des forces militaires étatiques que par des groupes armés non étatiques. En ce sens, il met l'accent sur la conduite pendant les hostilités, et non sur les motivations ou l'intention derrière l'acte.

Exemple : Une attaque délibérée contre un hôpital pendant un conflit armé, l'utilisation de la torture sur des prisonniers de guerre ou encore les attaques contre des civils sans distinction d'objectifs militaires légitimes.

Les crimes contre l'humanité

Les crimes contre l'humanité, quant à eux, représentent des actes particulièrement graves, mais qui sont commis dans un contexte de violence systématique ou généralisée à l'encontre de toute une population, que ce soit pendant ou en dehors d'un conflit armé. Ces actes ne sont pas limités à des violations des lois de la guerre, mais impliquent des atteintes massives et systématiques aux droits humains, dirigées contre des civils ou des groupes de personnes spécifiques.

Les crimes contre l'humanité, comme définis par le Statut de Rome, incluent un large éventail de comportements, parmi lesquels l'extermination, la persécution pour des motifs politiques, raciaux, ethniques ou religieux, la torture, la déportation, l'esclavage, le viol et d'autres formes de violence sexuelle, et le meurtre de civils dans un contexte de persécution systématique. Contrairement aux crimes de guerre, les crimes contre l'humanité ne nécessitent pas un contexte spécifique de guerre ou de conflit, mais plutôt une attaque généralisée ou systématique contre une population civile.

Pour qu'un acte soit qualifié de crime contre l'humanité, il doit être partie d'une politique ou d'un plan plus large. Ce qui distingue les crimes contre l'humanité des crimes de guerre, c'est le caractère systématique et planifié de ces actes, qui visent à annihiler ou opprimer des populations entières ou des groupes sociaux spécifiques.

Exemple : Les massacres systématiques de civils dans des zones ethniquement ciblées, tels que les massacres du génocide rwandais en 1994, ou l'exploitation sexuelle systématique de femmes dans le cadre de politiques militaires ou politiques de répression généralisée.

Le génocide

Le génocide est l'un des crimes les plus graves réprimés par le droit international, défini par la Convention pour la prévention et la répression du crime de génocide adoptée en 1948 par les Nations unies. Le génocide se distingue des crimes de guerre et des crimes contre l'humanité par son intention spécifique : il ne s'agit pas simplement d'une série de mauvais traitements ou de violations, mais d'une tentative délibérée d'anéantir, en tout ou en partie, un groupe national, ethnique, racial ou religieux.

L'intention de commettre un génocide doit être clairement prouvée. Les actes qui entrent dans la catégorie du génocide incluent le meurtre de membres d'un groupe, la cause de graves blessures physiques ou mentales à ses membres, l'imposition de conditions de vie destinées à provoquer sa destruction physique, la mesure visant à empêcher les naissances au sein du groupe et la transfert forcé d'enfants vers un autre groupe.

Le génocide vise donc la destruction d'un groupe en tant que tel, et pas seulement les souffrances ou les meurtres d'individus au sein de ce groupe. Il est souvent caractérisé par une volonté de détruire l'identité même du groupe cible, en le rendant incapable de survivre ou de se reproduire, qu'il s'agisse de sa destruction physique ou de l'effacement de son héritage culturel et social.

Exemple : Le génocide juif pendant la Seconde Guerre mondiale (Holocauste), où les nazis ont mis en place une politique systématique d'extermination de la population juive, ou encore le génocide des Tutsi au Rwanda en 1994, où une partie de la population tutsie a été exterminée par les Hutus.

Distinction fondamentale entre ces trois concepts

Bien que les crimes de guerre, les crimes contre l'humanité et le génocide puissent parfois se produire simultanément dans un même conflit, il existe des différences fondamentales qui les distinguent.

- **Les crimes de guerre** sont commis lors d'un conflit armé, et il s'agit principalement de violations des lois de la guerre, qu'elles soient commises par des acteurs étatiques ou non étatiques. Ils concernent les comportements pendant les hostilités, et leur portée se limite souvent aux actions violant les règles de guerre.

- **Les crimes contre l'humanité** sont des actes de violence extrême et systématique à l'encontre de populations civiles. Ils peuvent être commis en temps de paix ou en guerre, et l'élément clé ici est le caractère systématique et l'attaque contre des populations civiles.

- **Le génocide** se distingue par son intention spécifique de détruire un groupe particulier pour des raisons ethniques, raciales, religieuses ou nationales. L'intention de commettre un génocide est une condition nécessaire, ce qui en fait un crime particulièrement grave, en raison de son objectif de destruction totale ou partielle d'un groupe.

En résumé, les crimes de guerre sont liés à des violations des lois de la guerre, les crimes contre l'humanité sont des actes graves perpétrés dans un contexte de violence généralisée, tandis que le génocide implique l'intention spécifique d'anéantir un groupe cible. Ces trois crimes ont des implications juridiques profondes et peuvent entraîner des poursuites au niveau national ou international, notamment par la Cour pénale internationale (CPI), dans le but de lutter contre l'impunité et de promouvoir la justice pour les victimes de ces atrocités.

- Les responsabilités individuelles et commanditaires.

La notion de responsabilité individuelle et de responsabilité des commanditaires est au cœur du droit pénal international, notamment en ce qui concerne les crimes de guerre, les crimes contre l'humanité et le génocide. Dans le cadre de ces crimes, il ne suffit pas que les actes soient commis ; il est également nécessaire de déterminer qui est responsable de ces actes, et à quel titre. Cela fait intervenir des notions juridiques essentielles liées à l'intention criminelle, au commandement, à la complicité et à la poursuite individuelle des responsables. Ces questions sont particulièrement importantes dans le contexte des tribunaux pénaux internationaux, tels que la Cour pénale internationale (CPI), et des principes qui guident le droit pénal international dans la lutte contre l'impunité des auteurs de crimes graves.

La responsabilité individuelle

La responsabilité individuelle dans le cadre des crimes internationaux repose sur l'idée que chaque personne peut être tenue personnellement responsable des actes criminels qu'elle commet, indépendamment de son statut ou de sa position hiérarchique. Ce principe repose sur la culpabilité personnelle et sur la reconnaissance que les actes criminels commis par un individu, qu'il soit un soldat, un officier supérieur ou un civil, doivent entraîner des conséquences pénales pour celui-ci.

Le principe fondamental de la responsabilité pénale individuelle a été consacré par les tribunaux de Nuremberg après la Seconde Guerre mondiale, où les responsables nazis ont été jugés pour leurs actes criminels. Cette approche a ensuite été reprise et renforcée par le Statut de Rome de la Cour pénale internationale (CPI), qui stipule clairement que même les individus occupant des positions de pouvoir, comme les chefs militaires ou politiques, peuvent être jugés et condamnés pour des crimes internationaux.

L'un des aspects fondamentaux de cette responsabilité individuelle est la présomption de culpabilité qui découle d'un comportement criminel directement lié à un individu. Dans ce cadre, plusieurs critères sont pris en compte pour établir la responsabilité pénale, notamment :

- **La commission directe du crime** : Un individu peut être directement responsable s'il commet lui-même un acte qui constitue un crime de guerre, un crime contre l'humanité ou un génocide, tel qu'un meurtre, une torture, une violente attaque contre une population civile, etc. Dans ce cas, la personne est tenue responsable de ses actes, indépendamment de son rôle dans la hiérarchie militaire ou civile.

- **La connaissance de la criminalité de l'acte** : Il est nécessaire que l'individu ait agi en toute connaissance de cause, c'est-à-dire qu'il savait que l'acte qu'il accomplissait était illégal et criminel. En revanche, un individu qui aurait agi dans une situation de contrainte ou de duress pourrait voir sa responsabilité atténuée.

- **L'intention criminelle (dolus)** : Pour qu'il y ait responsabilité, l'individu doit avoir agi avec une intention criminelle spécifique, c'est-à-dire qu'il doit avoir eu l'intention de commettre un crime. Par exemple, dans le cadre du génocide, cela signifie que l'individu doit avoir agi dans l'intention de détruire, totalement ou partiellement, un groupe national, ethnique, racial ou religieux.

Un aspect clé de la responsabilité individuelle est qu'elle peut s'appliquer à tous les individus, quelle que soit leur fonction dans la hiérarchie ou leur statut. Un soldat ordinaire peut être poursuivi pour des crimes de guerre s'il commet des actes illégaux, tout comme un haut responsable politique ou militaire peut être tenu responsable d'actes commis sous son commandement, s'il est prouvé qu'il avait connaissance de la situation et qu'il a agi de manière délibérée.

La responsabilité des commanditaires

La responsabilité des commanditaires, également connue sous le terme de responsabilité hiérarchique, fait référence à la responsabilité pénale d'un supérieur hiérarchique, militaire ou civil, pour les crimes commis par ses subordonnés dans le cadre de ses fonctions, lorsqu'il a eu la possibilité d'empêcher ces crimes ou de les réprimer, mais qu'il n'a pas agi de manière adéquate. Cette forme de responsabilité repose sur un principe juridique fondamental dans le droit pénal international : celui de la responsabilité des supérieurs. Les commanditaires, qu'ils soient à la tête de forces armées, de gouvernements ou d'organisations, sont souvent jugés non seulement pour les actes qu'ils ont eux-mêmes commis, mais aussi pour ceux qu'ils ont permis ou qu'ils n'ont pas empêchés, bien qu'ils aient eu l'autorité et la capacité de le faire.

La responsabilité des commanditaires est ancrée dans le droit international, notamment à travers les principes développés lors des procès de Nuremberg et dans le Statut de Rome de la CPI. En vertu de ce statut, un supérieur hiérarchique peut être tenu responsable de crimes commis par ses subordonnés, même s'il n'a pas directement participé à l'acte criminel, dès lors qu'il remplit certaines conditions :

- **Connaissance des crimes** : Pour qu'un supérieur soit tenu responsable des actes de ses subordonnés, il doit avoir connu ou avoir eu raison de savoir que ces crimes étaient en train d'être commis. Ce principe est basé sur l'idée que les supérieurs hiérarchiques doivent superviser les actions de leurs subordonnés et intervenir pour prévenir ou stopper les violations des lois de la guerre ou des droits de l'homme. S'il est prouvé que le supérieur avait connaissance des actes criminels et qu'il n'a pas pris de mesures pour y mettre fin, il peut être jugé coupable de complicité ou de négligence criminelle.

- **Devoir d'empêcher ou de punir** : Le supérieur hiérarchique est également responsable s'il n'a pas pris de mesures appropriées pour prévenir le crime ou en punir l'auteur. Cela implique une obligation de faire respecter les lois, d'enquêter sur les violations et de prendre des mesures disciplinaires, comme des sanctions ou des poursuites, pour éviter que ces actes se reproduisent.

La responsabilité des commanditaires peut également s'étendre au cas où un supérieur donne des ordres ou incite ses subordonnés à commettre des actes criminels. Dans ce cas, le supérieur est responsable, non seulement pour sa négligence ou son inaction, mais aussi pour son rôle actif dans la commission du crime.

Cette responsabilité ne se limite pas aux seuls commandants militaires. Elle peut également concerner les responsables politiques, les dirigeants d'organisations paramilitaires ou encore les personnes ayant une influence substantielle sur les actes criminels, qu'ils aient agi par commission ou par omission.

La notion de complicité

La complicité est un autre aspect de la responsabilité dans le droit pénal international. Un individu peut être tenu responsable pour sa participation à un crime, même s'il n'en a pas été l'auteur direct, mais qu'il a joué un rôle essentiel dans la commission du crime. La complicité peut prendre plusieurs formes : aide, assistance, incitation, ou facilitation de l'acte criminel. Dans le cadre de crimes de guerre, de crimes contre l'humanité et de génocide, cela pourrait inclure des actes comme fournir des informations, des ressources ou un soutien logistique aux responsables directs des crimes.

La responsabilité individuelle et la responsabilité des commanditaires sont des principes essentiels dans le droit pénal international. Ils permettent de garantir que les auteurs de crimes graves, qu'ils soient les exécutants directs ou les responsables en charge d'un groupe ou d'une armée, soient tenus responsables de leurs actes. La responsabilité individuelle repose sur l'idée que chaque personne est responsable de ses propres actes criminels, alors que la responsabilité des commanditaires s'applique aux supérieurs hiérarchiques qui ne prennent pas les mesures nécessaires pour empêcher ou punir les crimes commis par leurs subordonnés. Ces principes sont cruciaux pour la justice internationale, car ils visent à mettre fin à l'impunité des auteurs de crimes graves et à garantir que tous, indépendamment de leur statut, peuvent être tenus responsables de leurs actions criminelles, contribuant ainsi à l'instauration d'une justice pénale internationale plus équitable et plus efficace

3. **Les principes fondamentaux du DIH**

Les principes fondamentaux du droit international humanitaire (DIH) visent à limiter les souffrances humaines pendant les conflits armés. Ils reposent sur des règles essentielles, telles que la distinction, qui impose de différencier les civils des combattants, et la proportionnalité, qui interdit les attaques causant des pertes civiles excessives par rapport à l'avantage militaire. Le principe de nécessité militaire exige que les actions soient justifiées par un objectif militaire réel, tandis que l'humanité impose de traiter les personnes avec dignité et interdit les tortures et traitements cruels. Enfin, le principe de non-discrimination garantit que les protections s'appliquent à tous, indépendamment de leur origine ou statut. Ces principes visent à protéger les individus et à rendre les conflits plus humains.

- Distinction entre civils et combattants.

La distinction entre civils et combattants est un principe fondamental du droit international humanitaire (DIH), codifié principalement dans les Protocoles additionnels aux Conventions de Genève. Ce principe vise à limiter les effets des conflits armés en protégeant les personnes qui ne participent pas directement aux hostilités.

L'article 48 du Protocole additionnel I de 1977 aux Conventions de Genève énonce clairement l'obligation des parties à un conflit de distinguer en tout temps entre la population civile et les combattants, ainsi qu'entre les biens de caractère civil et les objectifs militaires. Ce principe constitue la base des règles relatives à la conduite des hostilités.

L'article 50 du même Protocole définit la population civile comme comprenant toutes les personnes qui ne sont pas membres des forces armées ou ne participent pas directement aux hostilités. Les civils bénéficient d'une protection générale contre les attaques, sauf s'ils prennent directement part aux hostilités et pendant la durée de leur participation.

L'article 51 renforce cette protection en interdisant les attaques dirigées contre la population civile ou contre des civils isolés. Il interdit également les actes ou menaces de violence dont le but principal est de terroriser la population civile.

En ce qui concerne les combattants, l'article 43 du Protocole additionnel I précise que les membres des forces armées d'une partie au conflit, à l'exception des personnels médicaux et religieux, sont considérés comme des combattants. Ces derniers ont le droit de participer directement aux hostilités, mais doivent respecter les règles du DIH, notamment celles relatives à la protection des civils.

L'article 44 ajoute que les combattants doivent se distinguer de la population civile lorsqu'ils participent à une attaque ou à une opération militaire préparatoire. Cependant, il reconnaît des situations exceptionnelles où les combattants ne peuvent pas toujours se distinguer, tout en exigeant qu'ils portent leurs armes ouvertement.

Ainsi, la distinction entre civils et combattants est essentielle pour garantir la protection des personnes non impliquées dans les conflits et pour limiter les souffrances causées par les hostilités. Elle constitue un pilier des règles modernes régissant les conflits armés, avec des obligations claires pour les parties belligérantes

- Interdiction des moyens et méthodes de guerre inhumains.

L'interdiction des moyens et méthodes de guerre inhumains constitue un principe central du droit international humanitaire

(DIH), visant à limiter les souffrances inutiles et à préserver un minimum d'humanité en temps de conflit armé. Ce principe repose sur une série de dispositions des Conventions de Genève et de leurs Protocoles additionnels, ainsi que sur d'autres instruments juridiques internationaux.
Le Protocole additionnel I de 1977 aux Conventions de Genève consacre ce principe dans son article 35. Cet article stipule que le droit des parties à un conflit de choisir les méthodes ou moyens de guerre n'est pas illimité. Il interdit expressément l'emploi d'armes, de projectiles ou de substances susceptibles de causer des maux superflus ou des souffrances inutiles. Cette interdiction vise à proscrire l'utilisation de moyens ou de méthodes de guerre qui infligent des blessures ou des souffrances disproportionnées par rapport à l'avantage militaire attendu.

Le même article interdit également les moyens et méthodes de guerre qui causent des dommages étendus, durables et graves à l'environnement naturel. Cette disposition reflète une préoccupation croissante pour les conséquences environnementales des conflits armés et leur impact sur les populations civiles à long terme.

L'article 37 du Protocole additionnel I interdit les actes de perfidie, définis comme des actes visant à tromper l'ennemi en abusant de sa confiance dans le respect des règles du DIH. Cela inclut, par exemple, feindre une intention de se rendre pour ensuite attaquer. Ces méthodes sont considérées comme inhumaines car elles sapent les fondements mêmes de la confiance et de l'humanité en temps de guerre.

Les **Conventions de La Haye de 1899 et 1907** contiennent également des dispositions pertinentes. Le Règlement annexé à la Convention de La Haye de 1907 interdit l'emploi de poison ou d'armes empoisonnées (article 23), ainsi que l'usage de balles qui s'épanouissent ou s'aplatissent facilement dans le corps humain, comme les balles dum-dum. Ces armes provoquent des blessures atroces et sont donc jugées incompatibles avec le principe d'humanité.

La **Convention sur certaines armes classiques (CCAC) de 1980** et ses protocoles renforcent ces interdictions en ciblant spécifiquement certaines catégories d'armes inhumaines. Par exemple, le Protocole II modifié interdit l'utilisation de mines, pièges et autres dispositifs dans des conditions susceptibles de causer des souffrances excessives ou de frapper aveuglément les civils. Le Protocole IV interdit l'utilisation d'armes laser conçues pour causer la cécité permanente, une forme de souffrance jugée particulièrement inhumaine.

La **Convention sur l'interdiction des armes chimiques de 1993** complète ces dispositions en interdisant l'emploi de substances chimiques toxiques comme moyens de guerre. L'utilisation d'armes chimiques est non seulement inhumaine en raison des souffrances atroces qu'elle inflige, mais elle constitue également une menace grave pour les populations civiles et l'environnement.

De même, la **Convention sur l'interdiction des armes biologiques de 1972** interdit l'emploi d'agents biologiques et toxines comme armes. Ces moyens de guerre sont particulièrement inhumains en raison de leur potentiel à provoquer des pandémies et des souffrances massives, souvent sans discrimination entre combattants et civils.

Le **Statut de Rome de la Cour pénale internationale (CPI)**, adopté en 1998, consacre l'interdiction des moyens et méthodes de guerre inhumains en les qualifiant de crimes de guerre. L'article 8 du Statut inclut notamment l'emploi de poison, de gaz asphyxiants, ainsi que l'utilisation d'armes, de projectiles et de substances causant des souffrances inutiles ou des blessures superflues.

En somme, l'interdiction des moyens et méthodes de guerre inhumains est fermement ancrée dans le DIH. Elle repose sur le principe fondamental d'humanité, qui impose de limiter les souffrances dans les conflits armés. Ces interdictions ne visent pas seulement à protéger les combattants des souffrances inutiles, mais également à préserver les civils des conséquences disproportionnées des hostilités. Elles rappellent que même en temps de guerre, il existe des limites à ce qui peut être permis, afin de sauvegarder un minimum de dignité humaine

- Proportionnalité et nécessité militaire.

Le principe de proportionnalité et celui de nécessité militaire sont des piliers fondamentaux du droit international humanitaire (DIH), visant à réguler la conduite des hostilités et à limiter les effets des conflits armés. Ces principes reflètent l'équilibre entre la poursuite des objectifs militaires légitimes et la protection des populations civiles et des biens de caractère civil. Ils sont consacrés dans plusieurs dispositions des Conventions de Genève, de leurs Protocoles additionnels et d'autres instruments juridiques internationaux.

La nécessité militaire est un concept qui autorise les parties à un conflit à employer les moyens et méthodes de guerre nécessaires pour affaiblir les forces armées adverses, à condition que ces moyens ne soient pas interdits par le DIH. Ce principe est implicitement mentionné dans le Préambule des Conventions de La Haye de 1907 et est repris dans le Protocole additionnel I de 1977, notamment à l'article 52, paragraphe 2, qui précise que les attaques doivent être strictement limitées aux objectifs militaires. Ces derniers sont définis comme les objets qui, par leur nature, leur emplacement, leur destination ou leur utilisation, contribuent efficacement à l'action militaire et dont la destruction, la capture ou la neutralisation offre un avantage militaire précis.

Le principe de proportionnalité, quant à lui, est étroitement lié à celui de nécessité militaire et impose de ne pas causer de dommages excessifs aux civils ou aux biens de caractère civil par rapport à l'avantage militaire concret et direct attendu. Ce principe est codifié à l'article 51, paragraphe 5(b), du Protocole additionnel I, qui interdit les attaques susceptibles de causer des pertes en vies humaines ou des dommages aux biens civils disproportionnés par rapport à l'avantage militaire attendu. L'article 57, paragraphe 2(a)(iii), du même Protocole renforce cette obligation en exigeant des commandants qu'ils annulent ou suspendent une attaque s'il devient évident qu'elle violerait le principe de proportionnalité.

Ces deux principes trouvent également une expression claire dans les dispositions relatives aux précautions dans l'attaque. L'article 57 du Protocole additionnel I impose aux parties au conflit de prendre toutes les mesures possibles pour vérifier que les objectifs visés sont bien des objectifs militaires et pour éviter ou réduire au minimum les pertes civiles. Cela inclut l'obligation de choisir les moyens et méthodes de guerre qui minimisent les dommages collatéraux, ainsi que de donner des avertissements préalables en cas d'attaques susceptibles d'affecter les civils, sauf si les circonstances ne le permettent pas.

La nécessité militaire ne doit jamais être invoquée pour justifier des actes interdits par le DIH, comme le recours à des moyens ou méthodes de guerre inhumains ou des attaques indiscriminées. L'article 35 du Protocole additionnel I stipule clairement que le droit des parties à un conflit de choisir leurs moyens de guerre n'est pas illimité, et interdit les moyens et méthodes de guerre qui causent des maux superflus ou des souffrances inutiles.

Dans le contexte des conflits armés non internationaux, les principes de proportionnalité et de nécessité militaire sont également applicables, bien qu'ils soient moins explicitement détaillés. L'article 13, paragraphe 2, du Protocole additionnel II de 1977 interdit les attaques dirigées contre la population civile, tandis que l'article 4 protège les personnes qui ne participent pas directement aux hostilités contre les traitements cruels et inhumains.

Ces principes sont également intégrés dans le Statut de Rome de la Cour pénale internationale. L'article 8 qualifie de crimes de guerre les attaques lancées intentionnellement en sachant qu'elles causeront des pertes civiles ou des dommages aux biens civils manifestement excessifs par rapport à l'avantage militaire attendu. Cette disposition reflète la gravité des violations des principes de proportionnalité et de nécessité militaire et établit une responsabilité pénale individuelle pour de tels actes.

L'interprétation et l'application des principes de proportionnalité et de nécessité militaire posent cependant des défis. Par exemple, évaluer si un avantage militaire est proportionné aux dommages collatéraux attendus est une tâche complexe qui dépend souvent du jugement des commandants sur le terrain. Cela nécessite une analyse soigneuse et contextuelle, tenant compte des informations disponibles au moment de l'attaque. Les erreurs de bonne foi, si elles ne sont pas manifestement négligentes, peuvent ne pas constituer une violation du DIH, mais elles soulignent l'importance d'une formation adéquate et d'un respect strict des obligations de précaution.

En somme, les principes de proportionnalité et de nécessité militaire sont des garde-fous essentiels pour limiter les effets des conflits armés sur les civils et pour garantir que les hostilités se déroulent dans le respect des règles du DIH. Ils rappellent que, même en temps de guerre, il existe des limites à ce qui est permis, et que la protection de la dignité humaine reste une priorité fondamentale

Chapitre 2 : Les juridictions compétentes pour juger les crimes de guerre

Les juridictions compétentes pour juger les crimes de guerre sont principalement des tribunaux internationaux, mais peuvent également inclure des tribunaux nationaux, selon les circonstances. Au niveau international, la Cour pénale internationale (CPI) est l'instance principale pour juger les crimes de guerre, en vertu du Statut de Rome de 1998. La CPI a compétence pour juger les individus accusés de crimes de guerre, de crimes contre l'humanité et de génocide, lorsque les États concernés ne sont pas en mesure ou ne souhaitent pas poursuivre ces crimes eux-mêmes.

Avant la création de la CPI, des tribunaux ad hoc ont été établis pour juger les crimes de guerre dans des situations spécifiques. Par exemple, le Tribunal pénal international pour l'ex-Yougoslavie (TPIY) a été mis en place en 1993 pour juger les responsables des crimes commis lors des conflits en ex-Yougoslavie, tandis que le Tribunal pénal international pour le Rwanda (TPIR) a été créé en 1994 pour juger les auteurs du génocide rwandais.

Les tribunaux hybrides, comme celui de la Sierra Leone, ont également joué un rôle important. Ces juridictions combinent des éléments de droit national et international pour juger les crimes de guerre commis dans des contextes particuliers. Par exemple, le Tribunal spécial pour le Liban, mis en place pour enquêter sur l'assassinat de l'ex-Premier ministre libanais Rafik

Hariri, combine des éléments du droit libanais et du droit international.

En parallèle de ces juridictions internationales, certains États ont mis en place des tribunaux nationaux pour juger les crimes de guerre commis sur leur territoire ou par leurs ressortissants. Le principe de compétence universelle permet à des tribunaux nationaux de juger certains crimes de guerre, même si les faits se sont produits à l'étranger, à condition que l'accusé soit présent sur le territoire de l'État compétent.

Ainsi, plusieurs juridictions, tant internationales que nationales, peuvent être compétentes pour juger les crimes de guerre, chacune jouant un rôle complémentaire dans la lutte contre l'impunité et la promotion de la justice internationale.

1. **Les tribunaux militaires et ad hoc**

Les tribunaux militaires et ad hoc occupent une place centrale dans l'évolution du droit pénal international, constituant des réponses aux atrocités commises durant des conflits armés. Ces juridictions, créées pour juger les crimes les plus graves tels que les crimes de guerre, les crimes contre l'humanité et les génocides, ont joué un rôle essentiel dans la lutte contre l'impunité et dans la construction d'un cadre juridique international pour la justice pénale.

Les procès de Nuremberg et de Tokyo, organisés à la suite de la Seconde Guerre mondiale, marquent la genèse des tribunaux internationaux. Ces juridictions militaires, établies respectivement en 1945 et 1946, furent les premières à juger les dirigeants d'États vaincus pour des crimes contre la paix, des crimes de guerre et des crimes contre l'humanité. Ces procès ont posé les bases de principes juridiques fondamentaux, tels que la responsabilité pénale individuelle des dirigeants et l'irrecevabilité de la défense d'obéissance aux ordres supérieurs. Ils ont également introduit des concepts durables dans le droit international, comme la reconnaissance de crimes de masse en tant que violations du droit international.

Les tribunaux pénaux internationaux pour l'ex-Yougoslavie (TPIY) et pour le Rwanda (TPIR) ont marqué une nouvelle étape dans l'histoire de la justice internationale. Créés respectivement en 1993 et 1994 par le Conseil de sécurité des Nations Unies, ces tribunaux ad hoc ont été établis en réponse aux conflits sanglants des Balkans et au génocide rwandais. Ils ont permis de poursuivre et de condamner des individus responsables de violations graves du droit international humanitaire, contribuant à l'élaboration d'une jurisprudence détaillée sur les crimes de guerre, les crimes contre l'humanité et le génocide. Ces tribunaux ont également jeté les bases d'une coopération internationale accrue dans la lutte contre l'impunité.

En parallèle, les tribunaux hybrides ont émergé comme une alternative innovante pour répondre aux besoins de justice dans des contextes spécifiques. Ces juridictions, combinant des éléments de droit international et de droit national, visent à renforcer les capacités locales tout en bénéficiant d'un soutien international. Parmi les exemples notables figurent le Tribunal spécial pour la Sierra Leone, qui a jugé les responsables des atrocités commises pendant la guerre civile, et les Chambres extraordinaires au sein des tribunaux cambodgiens, créées pour poursuivre les crimes des Khmers rouges. Ces tribunaux hybrides ont démontré leur pertinence en s'adaptant aux réalités locales tout en respectant les standards internationaux de justice.

Ainsi, les tribunaux militaires, ad hoc et hybrides ont contribué de manière significative à l'évolution du droit pénal international, renforçant la responsabilité individuelle pour les crimes graves et consolidant le principe selon lequel aucun individu, quel que soit son rang ou son statut, n'est au-dessus des lois.

- Les procès de Leipzig après la Première Guerre mondiale :

Les tribunaux de Leipzig, organisés entre 1919 et 1923, sont une tentative précoce de la communauté internationale pour juger les responsables des crimes commis pendant la Première Guerre mondiale. Bien que souvent perçus comme un échec en raison de leur portée limitée et de leurs résultats insatisfaisants, ces procès ont néanmoins jeté les bases de la réflexion sur la justice internationale et sur la responsabilité individuelle en temps de guerre.

À la fin de la Première Guerre mondiale, les puissances alliées souhaitaient que les responsables des atrocités et des violations des lois de la guerre soient traduits en justice. Le Traité de Versailles, signé en 1919, inclut plusieurs dispositions à cet effet. L'article 227 du traité prévoyait la mise en accusation de l'empereur allemand Guillaume II pour « offense suprême contre la morale internationale et l'autorité sacrée des traités ». De plus, l'article 228 imposait à l'Allemagne de livrer les personnes accusées de crimes de guerre pour qu'elles soient jugées par des tribunaux alliés. Toutefois, ces dispositions se heurtèrent à de nombreuses résistances, tant politiques que pratiques.

L'empereur Guillaume II, réfugié aux Pays-Bas après la guerre, ne fut jamais extradé. Les Pays-Bas refusèrent de le livrer, invoquant leur neutralité et l'absence de précédent juridique pour juger un ancien chef d'État. Quant à l'Allemagne, elle fit face à une pression internationale intense pour livrer les accusés, mais le sentiment nationaliste et le rejet des termes du Traité de Versailles rendirent cette coopération difficile. En fin de compte, un compromis fut trouvé : l'Allemagne accepta de juger elle-même les responsables présumés devant la Cour suprême de Leipzig, une juridiction nationale.

Les procès de Leipzig débutèrent en 1921 et furent placés sous l'autorité de juges allemands, ce qui souleva des questions sur leur impartialité. En tout, seuls 12 affaires furent examinées, bien que les Alliés aient initialement fourni une liste de plus de 800 noms de suspects. Les accusés comprenaient principalement des officiers militaires et des sous-officiers, accusés de crimes de guerre spécifiques tels que le massacre de civils, le mauvais traitement de prisonniers de guerre et la destruction injustifiée de biens civils.

Les procès furent celui du sous-marinier Karl Neumann, accusé du torpillage du navire-hôpital britannique *Dover Castle*, et celui de deux officiers, Karl Heynen et Emil Müller, accusés de mauvais traitements infligés à des prisonniers de guerre. Dans ces cas, les verdicts furent souvent légers, reflétant une volonté limitée des juges allemands de condamner sévèrement leurs compatriotes. Par exemple, Karl Neumann fut acquitté, les juges estimant qu'il avait agi conformément aux ordres reçus. Heynen et Müller furent condamnés à des peines de prison relativement courtes, suscitant des critiques internationales.

Les tribunaux de Leipzig furent rapidement critiqués par les Alliés et les organisations humanitaires pour leur inefficacité et leur manque de rigueur. Le faible nombre de procès, les acquittements fréquents et les peines légères renforcèrent l'idée que l'Allemagne n'était pas disposée à assumer pleinement la responsabilité des crimes de guerre commis par ses forces. En outre, le choix de confier ces procès à une juridiction nationale, plutôt qu'à une cour internationale, fut perçu comme une erreur stratégique, car il compromettait la perception d'impartialité et d'équité.

Cependant, malgré leurs limites, les tribunaux de Leipzig marquèrent une étape importante dans l'histoire de la justice internationale. Ils représentaient l'une des premières tentatives de juger des individus pour des violations des lois de la guerre, affirmant ainsi le principe de la responsabilité pénale individuelle. Bien que la mise en œuvre ait été largement insuffisante, ces procès mirent en lumière les défis juridiques et politiques liés à la poursuite des crimes de guerre, notamment la difficulté de garantir l'impartialité et la coopération internationale.

Les enseignements tirés des tribunaux de Leipzig influencèrent également les développements ultérieurs du droit international. Ils soulignèrent la nécessité d'établir des tribunaux internationaux pour juger les crimes de guerre, afin d'éviter les biais nationaux et de garantir une justice équitable. Cette leçon fut mise en pratique après la Seconde Guerre mondiale avec la création des tribunaux de Nuremberg et de Tokyo, qui s'appuyaient sur des bases juridiques internationales et bénéficiaient d'une plus grande légitimité mais qui ne respectaient pas le principe essentiel de droit pénal, celui de la non rétroactivité.

En conclusion, bien que les tribunaux de Leipzig aient été limités dans leur portée et leurs résultats, ils jouèrent un rôle pionnier en introduisant le concept de responsabilité pénale individuelle pour les crimes de guerre. Leur échec relatif mit en évidence les obstacles à surmonter pour garantir une justice efficace et impartiale en temps de conflit, tout en jetant les bases des futures avancées dans le domaine du droit pénal international.

- Les procès de Nuremberg et de Tokyo : genèse des tribunaux internationaux.

Les procès de Nuremberg et de Tokyo représentent un tournant majeur dans l'histoire du droit international et marquent la genèse des tribunaux internationaux modernes. Organisés à la suite de la Seconde Guerre mondiale, ces procès ont établi des précédents juridiques fondamentaux pour la poursuite des crimes les plus graves, notamment les crimes de guerre, les crimes contre l'humanité et les crimes contre la paix. Ils ont également contribué à poser les bases d'une justice pénale internationale, en affirmant des principes essentiels tels que la responsabilité individuelle et l'irrecevabilité de l'obéissance aux ordres comme défense absolue.
Le Tribunal militaire international de Nuremberg, créé par l'Accord de Londres du 8 août 1945, fut le premier tribunal international chargé de juger les dirigeants nazis pour les atrocités commises durant la guerre. Les quatre puissances alliées, les États-Unis, l'Union soviétique, le Royaume-Uni et

la France, élaborèrent conjointement la charte du tribunal, qui définissait ses compétences et les crimes qu'il pouvait juger. Ces crimes incluaient les crimes contre la paix, définis comme la planification, la préparation, le déclenchement ou la conduite d'une guerre d'agression ; les crimes de guerre, qui englobent les violations des lois et coutumes de la guerre ; et les crimes contre l'humanité, un concept novateur à l'époque, couvrant les actes inhumains commis contre des civils, y compris le génocide.

Le procès principal de Nuremberg, qui se tint entre novembre 1945 et octobre 1946, vit comparaître 22 hauts responsables nazis, dont Hermann Göring, Rudolf Hess et Albert Speer. Ce procès permit de documenter les horreurs de l'Holocauste et de mettre en lumière l'ampleur des crimes commis par le régime nazi. Les accusés furent jugés sur la base de preuves accablantes, notamment des documents officiels, des témoignages de survivants et des films des atrocités. Douze condamnations à mort furent prononcées, ainsi que des peines de prison, mais certains accusés furent acquittés, soulignant l'importance d'un procès équitable même dans un contexte aussi exceptionnel. Ce tribunal affirma également que les chefs d'État et les hauts fonctionnaires ne pouvaient pas invoquer leur position pour échapper à la justice, un principe fondamental du droit pénal international.

Le Tribunal militaire international pour l'Extrême-Orient, souvent appelé tribunal de Tokyo, fut établi en 1946 pour juger les dirigeants japonais responsables des crimes commis pendant la guerre en Asie et dans le Pacifique. Contrairement à Nuremberg, ce tribunal fut principalement organisé par les États-Unis, bien que des juges provenant de onze pays, dont la Chine, le Canada et l'Inde, y aient participé. La charte de Tokyo était similaire à celle de Nuremberg, avec des compétences couvrant les crimes contre la paix, les crimes de guerre et les crimes contre l'humanité.

Le procès principal de Tokyo, qui dura de mai 1946 à novembre 1948, mit en accusation 28 hauts responsables japonais, dont l'ancien Premier ministre Hideki Tojo. Ce tribunal se concentra sur les crimes commis pendant la guerre sino-japonaise et la Seconde Guerre mondiale, notamment les massacres de civils, les mauvais traitements infligés aux prisonniers de guerre et les atrocités comme le massacre de Nankin. Bien que 25 accusés aient été condamnés, dont sept à mort, le tribunal fut critiqué pour avoir épargné l'empereur Hirohito et d'autres membres de la famille impériale, une décision largement perçue comme un compromis politique pour stabiliser le Japon après la guerre.

Ces deux tribunaux jouèrent un rôle fondamental dans l'évolution du droit international. Ils établirent le principe selon lequel les individus peuvent être tenus pénalement responsables des crimes internationaux, même lorsqu'ils agissent au nom d'un État. Ils affirmèrent également que les lois de la guerre s'appliquent à tous les conflits armés et que les violations de ces lois doivent être sanctionnées. En outre, les tribunaux de Nuremberg et de Tokyo jetèrent les bases de la reconnaissance juridique des crimes contre l'humanité, qui incluent des actes tels que la persécution et les traitements inhumains à grande échelle.

Cependant, ces procès ne furent pas exempts de critiques. Certains dénoncèrent la nature sélective de la justice rendue, les Alliés n'ayant pas été soumis aux mêmes normes pour leurs propres actions pendant la guerre. D'autres critiquèrent le caractère *ex post facto* des lois appliquées, notamment l'incrimination des crimes contre la paix, qui n'avaient pas été clairement définis avant le conflit. Malgré ces limites, ces tribunaux ont contribué à établir des précédents essentiels et à renforcer la légitimité du droit pénal international.

L'héritage des procès de Nuremberg et de Tokyo est immense. Ils inspirèrent la création de tribunaux internationaux modernes, tels que les tribunaux pénaux pour l'ex-Yougoslavie et le Rwanda, ainsi que la Cour pénale internationale (CPI). Ils jetèrent également les bases de principes juridiques universels qui continuent de guider la communauté internationale dans la lutte contre l'impunité et la promotion de la justice. Ces procès restent la preuve de la capacité de la communauté internationale à s'unir pour affirmer que les crimes les plus graves ne peuvent rester impunis, quelles que soient les circonstances.

- Les tribunaux pénaux internationaux pour l'ex-Yougoslavie (TPIY) et le Rwanda (TPIR).

Les tribunaux pénaux internationaux pour l'ex-Yougoslavie (TPIY) et pour le Rwanda (TPIR) marquèrent une étape décisive dans l'évolution du droit pénal international, en affirmant la responsabilité individuelle pour les crimes internationaux les plus graves. Ces juridictions, établies par le Conseil de sécurité des Nations Unies dans les années 1990, furent créées en réponse aux atrocités massives commises lors des conflits dans les Balkans et du génocide au Rwanda. Elles permirent de poursuivre et de condamner les auteurs de ces crimes tout en contribuant à la construction d'un corpus juridique international solide et à la lutte contre l'impunité.
Le Tribunal pénal international pour l'ex-Yougoslavie (TPIY) fut créé en 1993 par la résolution 827 du Conseil de sécurité des Nations Unies (S/RES/827). Ce tribunal fut établi alors que les conflits en Bosnie-Herzégovine, en Croatie et en Serbie faisaient rage, marqués par des massacres, des viols de masse, des nettoyages ethniques et des crimes de guerre. Le TPIY, basé à La Haye, aux Pays-Bas, fut le premier tribunal international créé depuis les procès de Nuremberg et de Tokyo, avec un mandat explicite pour juger des individus pour des crimes tels que le génocide, les crimes contre l'humanité et les crimes de guerre.

Ce tribunal mena des enquêtes et des procès complexes, inculpant 161 personnes au total, parmi lesquelles des dirigeants politiques, des chefs militaires et d'autres figures clés. Slobodan Milošević, ancien président de la Serbie, fut jugé pour crimes contre l'humanité et génocide, bien que son procès ait été interrompu par sa mort en 2006. Radovan Karadžić, leader politique des Serbes de Bosnie, fut condamné à la réclusion à perpétuité pour son rôle dans le massacre de Srebrenica. Ratko Mladić, commandant militaire, fut également condamné à la réclusion à perpétuité pour génocide et crimes contre l'humanité. Le TPIY établit également des précédents juridiques importants, notamment la reconnaissance du viol comme crime de guerre et crime contre l'humanité, comme dans l'affaire *Procureur v. Kunarac et al.* (IT-96-23 & IT-96-23/1, jugement de 2001). Il joua également un rôle important dans l'établissement des faits sur des événements tels que le massacre de Srebrenica, où plus de 8 000 hommes et garçons bosniaques furent massacrés en juillet 1995. parmi les 161 accusés, 93 furent condamnés, 18 acquittés, 13 Affaires renvoyées devant une juridiction nationale en application de l'article *11bis* et 37 actes d'accusation furent retirés ou les accusés décédèrent avant l'échéance.

Le Tribunal pénal international pour le Rwanda (TPIR) fut quant à lui créé en 1994 par la résolution 955 du Conseil de sécurité des Nations Unies (S/RES/955). Basé à Arusha, en Tanzanie, il fut établi en réponse au génocide rwandais d'avril à juillet 1994, qui entraîna la mort d'environ 800 000 Tutsis et Hutus modérés en 100 jours. Le TPIR avait pour mandat de juger les responsables du génocide ainsi que des violations graves du droit international humanitaire commises sur le territoire rwandais.

Le TPIR inculpa 93 individus, parmi lesquels des membres de haut rang du gouvernement rwandais, des chefs militaires, des leaders de milices et des figures influentes de la société civile, comme des journalistes et des religieux. Le procès de Jean-Paul Akayesu, ancien maire, marqua un tournant en établissant pour la première fois que le viol pouvait constituer un acte de génocide (*Procureur v. Akayesu*, ICTR-96-4, jugement de 1998). Ferdinand Nahimana, fondateur de la Radio Télévision Libre des Mille Collines (RTLM), fut condamné pour incitation au génocide par la propagande médiatique dans l'affaire *Médias* (ICTR-99-52, jugement de 2003). Sur les 93 accusés, 62 furent condamnés, 14 acquittés, 10 renvoyés devant les juridictions nationales, 3 fugitifs renvoyés devant le MTPI[1], 2

---

[1] Le Mécanisme international appelé à exercer les fonctions résiduelles des tribunaux pénaux internationaux (MTPI) est un mécanisme ayant pris la suite du Tribunal pénal international pour le Rwanda (TPIR) et du Tribunal pénal international pour l'ex-Yougoslavie (TPIY). Le MTPI est chargé d'exercer un certain nombre de fonctions essentielles qu'assumaient auparavant le TPIR et le TPIY. Il a été créé par la résolution 1966 du Conseil de sécurité du 22 décembre 2010, au moment où le TPIR et TPIY arrivaient au terme de leur mandat respectif. La division d'Arusha (Tanzanie) est entrée en fonction le 1er juillet 2012, celle de La Haye (Pays-Bas) le 1er juillet 2013.

décédèrent avant le jugement et 2 actes d'accusation furent retirés avant le procès.

Ces deux tribunaux contribuèrent grandement à l'évolution du droit international. Ils affinèrent les définitions du génocide, des crimes contre l'humanité et des crimes de guerre, tout en établissant des normes procédurales pour garantir des procès équitables. Malgré les défis posés par des enquêtes complexes, la collecte de preuves dans des zones de conflit et le traitement de témoins vulnérables, ces juridictions démontrèrent que même les dirigeants politiques et militaires les plus puissants peuvent être traduits en justice.

Ces tribunaux furent cependant critiqués pour leurs coûts élevés, la longueur des procès et leur éloignement

---

Dans les premières années qui ont suivi sa création, le Mécanisme a fonctionné en parallèle avec le TPIR et le TPIY. Depuis la fermeture du TPIR (le 31 décembre 2015) et du TPIY (le 31 décembre 2017), il fonctionne comme institution autonome.
Il exerce des fonctions résiduelles.
La division d'Arusha exerce certaines fonctions auparavant assumées par le TPIR et la division de La Haye certaines auparavant assumées par le TPIY.
Parmi celles-ci, le Mécanisme est notamment en charge de la recherche et de la poursuite des derniers fugitifs. Il doit également mener à bien les procédures en appel, réviser le cas échéant les jugements des TPIY et TPIR, enquêter et poursuivre les personnes accusées d'outrage, assurer le suivi des affaires renvoyées devant des juridictions nationales, assurer la protection des témoins et victimes et la conservation des archives et, enfin, superviser l'exécution des peines.

géographique des lieux des crimes. Certains reprochèrent également au TPIY et au TPIR de se concentrer uniquement sur les responsables d'un camp, négligeant parfois les crimes commis par d'autres parties. Néanmoins, ils sensibilisèrent l'opinion publique mondiale à l'importance de la justice internationale et renforcèrent l'idée que l'impunité pour les crimes graves ne pouvait être tolérée.

Le TPIY et le TPIR ont laissé un héritage durable, notamment dans le fonctionnement de la Cour pénale internationale (CPI) et d'autres mécanismes de justice internationale. Les leçons tirées de ces expériences continuent d'inspirer la lutte contre l'impunité et la promotion de la primauté du droit à l'échelle mondiale.

- Les tribunaux hybrides : Sierra Leone, Cambodge et Liban (TSL) .

Les tribunaux hybrides, tels que ceux établis en Sierra Leone et au Cambodge, représentent une forme de justice pénale internationale qui combine des éléments de droit national et international dans le but de juger les crimes de guerre, les crimes contre l'humanité et les autres violations graves du droit international. Ces tribunaux ont été créés pour traiter des situations spécifiques où les juridictions nationales étaient incapables ou réticentes à poursuivre les responsables des atrocités commises. Leur objectif était de renforcer la justice transitionnelle, de promouvoir la réconciliation et de garantir que les responsables des crimes graves soient tenus responsables, tout en tenant compte des réalités locales et des systèmes juridiques nationaux.

Le Tribunal spécial pour la Sierra Leone (TSSL)

Le Tribunal spécial pour la Sierra Leone (TSSL) a été créé en 2002 par un accord entre le gouvernement de la Sierra Leone et les Nations Unies, suite aux atrocités commises pendant la guerre civile du pays, qui dura de 1991 à 2002. Cette guerre a été marquée par des violations massives des droits de l'homme, telles que des massacres, des viols, des amputations, des recrutements forcés d'enfants soldats, et des actes de terreur systématiques, principalement perpétrés par les rebelles du Front révolutionnaire uni (RUF) et d'autres groupes armés. Les crimes commis pendant ce conflit ont été d'une ampleur et d'une brutalité exceptionnelles, et le besoin de rendre justice a été un des moteurs de la création du TSSL.

Le TSSL a été établi en vertu d'une résolution du Conseil de sécurité des Nations Unies, la résolution 1315 (2000), qui autorisa la création d'un tribunal hybride, combinant des juges nationaux et internationaux. Le tribunal avait pour mission de juger les personnes responsables des crimes de guerre, des crimes contre l'humanité et des violations graves du droit international humanitaire commises en Sierra Leone pendant la guerre civile. Le statut du Tribunal spécial pour la Sierra Leone (Statut du TSSL, S/RES/1315, 2000) a été adopté par le

Conseil de sécurité des Nations Unies, et le tribunal a été installé à Freetown, la capitale du pays.

Le TSSL a jugé plusieurs figures importantes du conflit, dont Foday Sankoh, le leader du RUF, et Charles Taylor, l'ancien président du Libéria, qui a été accusé de soutenir les rebelles en Sierra Leone. Charles Taylor a été jugé par le TSSL en tant que coaccusé, et il a été reconnu coupable de crimes de guerre et de crimes contre l'humanité en 2012. Le tribunal a également condamné d'autres responsables des violences, y compris des commandants militaires et des membres du RUF. Une des caractéristiques notables du TSSL a été son travail sur la responsabilité pénale des dirigeants politiques et militaires, en reconnaissant que la responsabilité ne s'étendait pas seulement aux auteurs directs des crimes, mais aussi à ceux qui avaient commandé ou facilité ces actes.

Le TSSL a également contribué à l'élargissement de la définition des crimes de guerre, en particulier en ce qui concerne l'utilisation des enfants soldats. En effet, le tribunal a reconnu que l'enrôlement et l'utilisation d'enfants soldats constituaient un crime de guerre, une décision qui a eu un impact important sur la jurisprudence internationale. L'affaire Procureur v. Fofana et Kondewa (SCSL-04-14-A) a été l'une des premières à aborder spécifiquement l'utilisation d'enfants soldats, ce qui a permis de renforcer la législation internationale sur ce sujet.

Le TSSL a été dissous en 2013 après avoir mené à bien ses missions, mais son impact perdure dans la jurisprudence internationale. Il a contribué à la construction d'un cadre juridique pour les tribunaux hybrides et a montré que ces juridictions pouvaient être efficaces dans des contextes de post-conflit, tout en impliquant des acteurs nationaux dans les processus judiciaires.

Le Tribunal pour les crimes commis au Cambodge (ECCC)

Le Tribunal pour les crimes commis au Cambodge, également connu sous le nom de Cour spéciale du Cambodge ou ECCC (Extraordinary Chambers in the Courts of Cambodia), a été créé en 2006 à la suite d'un accord entre le gouvernement cambodgien et les Nations Unies, pour juger les crimes commis par le régime des Khmers rouges (1975-1979). Sous la direction de Pol Pot, le régime des Khmers rouges a mené une politique de purification radicale, qui a conduit à des exécutions massives, des travaux forcés, des tortures et des famines, entraînant la mort de près de 1,7 million de personnes, soit environ un quart de la population cambodgienne.

L'ECCC a été établi par un accord entre le Cambodge et les Nations Unies, en vertu de l'Accord du 6 juin 2003, et a fonctionné selon un statut hybride, combinant des juges cambodgiens et internationaux. Le tribunal a été conçu pour juger les principaux responsables des atrocités commises pendant la période du régime des Khmers rouges, tout en respectant les traditions juridiques cambodgiennes et en impliquant des juges locaux dans le processus. Le tribunal a été établi dans le système judiciaire cambodgien, avec une participation internationale pour garantir son impartialité et son indépendance.

L'ECCC a jugé plusieurs dirigeants du régime des Khmers rouges, dont Nuon Chea, l'ancien « frère numéro deux » du régime, et Khieu Samphan, l'ancien chef d'État. Ces procès ont été longs et complexes, mais ont permis de faire la lumière sur les crimes commis pendant cette période sombre de l'histoire du Cambodge. En 2014, Nuon Chea et Khieu Samphan ont été condamnés à la réclusion à perpétuité pour crimes contre l'humanité, en particulier pour leur rôle dans l'exécution de milliers de personnes et dans la politique de déportation massive des populations urbaines vers les campagnes.

Le tribunal a eu un impact considérable sur le système juridique cambodgien, en fournissant une formation juridique aux juges et avocats locaux et en établissant des précédents juridiques sur les crimes de guerre et les crimes contre l'humanité. Une des affaires marquantes du tribunal a été celle de Duch, l'ancien directeur de la prison S-21, où des milliers de personnes ont été torturées et tuées. L'affaire Procureur v. Duch (Affaire 001) a été un tournant important dans la justice internationale, car elle a permis de juger un responsable directement impliqué dans les atrocités du régime des Khmers rouges.

L'ECCC a aussi été critiqué pour sa lenteur, ses coûts élevés et la complexité de son fonctionnement, mais il a joué un rôle important dans la réconciliation nationale et dans la préservation de la mémoire historique du Cambodge. Le tribunal a également permis de renforcer la compréhension des crimes de génocide dans le contexte d'un régime totalitaire, en apportant des éclaircissements sur les pratiques de persécution et d'extermination systématiques.

Le Tribunal spécial pour le Liban (TSL)

Le Tribunal spécial pour le Liban (TSL) est un tribunal hybride créé pour enquêter et juger les responsables de l'attentat à la voiture piégée qui a tué l'ex-Premier ministre libanais Rafic Hariri, ainsi que 21 autres personnes, le 14 février 2005 à Beyrouth. Cet attentat a été un événement marquant dans l'histoire du Liban et a entraîné une série de violences et d'instabilité dans le pays. Le TSL a été établi pour garantir que les responsables de cet attentat soient traduits en justice et pour offrir un modèle de justice pénale internationale hybride, combinant des éléments de la législation libanaise et des normes internationales.

Création et Mandat du Tribunal

Le Tribunal spécial pour le Liban a été créé par la résolution 1757 du Conseil de sécurité des Nations Unies, adoptée le 30 mai 2007. Cette résolution a autorisé la création du tribunal dans le but de répondre aux besoins spécifiques du Liban, tout en respectant les principes du droit international. Le tribunal a été établi en vertu d'un accord entre les Nations Unies et le gouvernement libanais, et il a été conçu pour fonctionner dans un cadre hybride, intégrant des juges libanais et internationaux. Le TSL a été formé à la suite de l'incapacité du Liban à juger de manière effective et indépendante les responsables de l'attentat, notamment en raison de l'implication présumée de certains acteurs politiques et militaires au sein du pays.

Le statut du Tribunal spécial pour le Liban (S/RES/1757, 2007) précise que le tribunal a pour mission de juger les personnes responsables de l'attentat du 14 février 2005 et de toute autre attaque liée à cet événement. Le tribunal est compétent pour traiter des crimes de terrorisme, des meurtres, des tentatives de meurtres, des attentats et des crimes connexes. Le TSL a été conçu pour garantir une procédure judiciaire transparente et impartiale, tout en étant adapté aux spécificités du système juridique libanais.

Fonctionnement et Structure

Le Tribunal spécial pour le Liban est composé de juges internationaux et libanais, avec une majorité de juges internationaux afin d'assurer l'indépendance du tribunal et de garantir que le processus judiciaire soit conforme aux normes internationales. Le tribunal fonctionne selon les principes du droit pénal international, mais ses procédures sont adaptées au système juridique libanais. Le TSL est basé à La Haye, aux Pays-Bas, mais il a des bureaux au Liban, notamment pour les enquêtes et la collecte de preuves. La structure du TSL inclut une chambre préliminaire, une chambre de première instance, et une chambre d'appel, ainsi qu'un bureau du procureur chargé des enquêtes et de la poursuite des accusés.

Le règlement du Tribunal spécial pour le Liban (S/RES/1757, 2007) définit la compétence et les procédures du tribunal. Il précise que le TSL est compétent pour juger les actes de terrorisme, y compris les attaques visant des personnalités politiques, et qu'il a le pouvoir de mener des enquêtes approfondies sur les crimes liés à l'attentat de 2005 et à d'autres incidents violents survenus dans le pays.

Enquêtes et Procès

Le Tribunal spécial pour le Liban a mené une enquête complexe et détaillée pour identifier les responsables de l'attentat contre Rafic Hariri. L'enquête a été marquée par des défis importants, notamment en raison de la situation politique instable au Liban, de l'hostilité de certains groupes politiques et de la difficulté à obtenir des preuves suffisantes. Cependant, le TSL a pu rassembler des éléments de preuve importants, y compris des enregistrements téléphoniques et des analyses techniques, pour identifier les suspects.

En 2011, le bureau du procureur du TSL a inculpé quatre membres du Hezbollah, un groupe politique et militaire chiite libanais, pour leur rôle présumé dans l'attentat. Les inculpés sont Salim Ayyash, Mustafa Badreddine, Hassan Merhi et Alaa Saad. L'enquête a révélé que l'attentat avait été planifié par un réseau de membres du Hezbollah, bien que le groupe ait nié toute implication. Le procès des suspects a été entamé en 2014, avec l'absence des accusés, qui ont été jugés par contumace, car ils n'ont pas été capturés.

Le procès de Salim Ayyash et des autres accusés a été un moment clé dans l'histoire du tribunal. Le tribunal a examiné des éléments de preuve techniques, tels que des enregistrements téléphoniques et des analyses de données, pour établir la responsabilité des accusés. En 2020, le tribunal a rendu un verdict important dans l'affaire de l'attentat, acquittant trois des accusés, mais reconnaissant Salim Ayyash coupable de meurtre et de terrorisme. Le verdict a été critiqué par certains, notamment au Liban, où des débats politiques ont surgi concernant l'implication du Hezbollah et la justice impartiale.

Répercussions et Critiques

Le Tribunal spécial pour le Liban a été un projet ambitieux de justice internationale hybride, mais il a également été confronté à plusieurs critiques. Certains ont estimé que le TSL n'avait pas réussi à atteindre son objectif de traduire en justice tous les responsables de l'attentat de 2005, notamment en raison de l'absence de certains suspects et de la difficulté à obtenir des preuves suffisantes pour prouver la culpabilité de tous les accusés. Le tribunal a également été critiqué pour son coût élevé et pour la lenteur de ses procédures, ce qui a entravé sa crédibilité auprès de certains Libanais et de la communauté internationale.

D'autre part, le TSL a été salué pour son rôle dans la lutte contre l'impunité au Liban et pour sa capacité à traiter un cas de terrorisme international complexe dans un contexte politique difficile. Le tribunal a également contribué à renforcer les principes de responsabilité pénale individuelle, en insistant sur le fait que même les groupes armés ou les acteurs politiques ne sont pas au-dessus de la loi.

Le Tribunal spécial pour le Liban a joué un rôle important dans l'histoire de la justice pénale internationale, en traitant un cas de terrorisme de grande envergure dans un contexte politique extrêmement complexe. Bien que le tribunal ait été critiqué pour ses lenteurs et ses coûts, il a permis de faire avancer la justice pour les victimes de l'attentat de 2005 et a renforcé les principes de la responsabilité pénale internationale. Le TSL a également eu un impact significatif sur le système judiciaire libanais, en contribuant à l'établissement de précédents juridiques pour la poursuite des crimes de guerre et des actes de terrorisme.

Les références juridiques exactes pour le Tribunal spécial pour le Liban sont la résolution 1757 du Conseil de sécurité des Nations Unies (2007), le statut du Tribunal spécial pour le Liban (S/RES/1757, 2007), et les décisions judiciaires rendues par le tribunal, telles que le jugement de Salim Ayyash en 2020.

Les tribunaux hybrides, comme ceux de la Sierra Leone et du Cambodge, ont montré que les mécanismes de justice internationale peuvent être adaptés aux réalités locales tout en respectant les normes internationales. Ces tribunaux ont permis de juger des crimes de guerre et des crimes contre l'humanité dans des contextes de post-conflit, tout en impliquant des acteurs nationaux dans le processus judiciaire. Ils ont également joué un rôle dans la construction de la paix et de la réconciliation en fournissant une réponse judiciaire aux atrocités commises. Bien qu'ils aient été critiqués pour leurs coûts et leur lenteur, ces tribunaux ont laissé un héritage juridique important, en contribuant à l'élargissement du droit pénal international et en renforçant le principe de la responsabilité individuelle pour les crimes internationaux.

2. **La Cour pénale internationale (CPI) :**

La Cour pénale internationale (CPI) est un tribunal permanent établi par le Statut de Rome en 1998, ayant pour mission de juger les individus accusés des crimes les plus graves, tels que les crimes de guerre, les crimes contre l'humanité et le génocide. Située à La Haye, aux Pays-Bas, la CPI intervient lorsque les tribunaux nationaux sont incapables ou ne souhaitent pas poursuivre ces crimes. Elle dispose d'une compétence mondiale, bien que son autorité soit limitée aux États parties au Statut de Rome ou aux situations renvoyées par le Conseil de sécurité de l'ONU. La CPI représente un élément central du système de justice pénale internationale, visant à mettre fin à l'impunité des auteurs de crimes graves.

- Création et mandat : le Statut de Rome.

Le Statut de Rome, adopté le 17 juillet 1998 lors de la Conférence diplomatique des Nations Unies à Rome, est le texte fondateur de la Cour pénale internationale (CPI), une institution permanente chargée de juger les individus responsables des crimes les plus graves touchant la communauté internationale. Ce traité a marqué une étape historique dans le développement du droit pénal international, en mettant en place une juridiction capable de poursuivre des crimes tels que le génocide, les crimes contre l'humanité, les crimes de guerre et le crime d'agression. Le Statut de Rome est né de la volonté de la communauté internationale de mettre fin à l'impunité des auteurs de crimes graves, en particulier après les horreurs des conflits mondiaux, les atrocités en ex-Yougoslavie, au Rwanda, et dans d'autres régions du monde.

Le contexte historique de la création du Statut de Rome repose sur la reconnaissance que les mécanismes de justice pénale internationale existants à l'époque, tels que les tribunaux ad hoc créés pour juger les crimes commis lors des guerres en ex-Yougoslavie (Tribunal pénal international pour l'ex-Yougoslavie, TPIY) et au Rwanda (Tribunal pénal international pour le Rwanda, TPIR), étaient insuffisants pour garantir une justice durable et systématique. Ces tribunaux avaient une compétence limitée à des périodes et des contextes spécifiques et étaient temporaires, ce qui rendait nécessaire la création d'une juridiction permanente pour traiter des crimes internationaux.

Le Statut de Rome a pour objectif de mettre fin à l'impunité pour les responsables de crimes graves, de promouvoir la justice internationale et de contribuer à la paix et à la réconciliation en jugeant ceux qui commettent des actes tels que le génocide, les crimes contre l'humanité et les crimes de guerre. Le traité repose sur le principe fondamental de la complémentarité, qui stipule que la Cour pénale internationale n'interviendra que lorsque les systèmes judiciaires nationaux sont incapables ou ne veulent pas juger les responsables des crimes relevant de sa compétence. Cela garantit que la CPI ne se substitue pas aux juridictions nationales, mais intervient lorsque celles-ci échouent.

Le Statut de Rome définit la compétence de la Cour, qui couvre quatre catégories principales de crimes : le génocide, les crimes contre l'humanité, les crimes de guerre et, depuis 2010, le crime d'agression. Le génocide est défini dans l'article 6 du Statut comme un acte visant à détruire, en tout ou en partie, un groupe national, ethnique, racial ou religieux, par des moyens tels que le meurtre, l'extermination, les atteintes graves à l'intégrité physique ou mentale, ou l'empêchement de la procréation au sein du groupe. Les crimes contre l'humanité, définis à l'article 7, comprennent des actes tels que le meurtre, l'esclavage, la torture, le viol, et d'autres actes inhumains commis dans le cadre d'une attaque généralisée ou systématique contre une population civile. Les crimes de guerre, régis par l'article 8, incluent les violations graves du droit international humanitaire, telles que les attaques contre des civils ou l'utilisation d'armes interdites.

Le crime d'agression, introduit dans le Statut lors de la Conférence de révision de Kampala en 2010, est défini à l'article 8 bis comme l'utilisation illégale de la force armée par un État contre un autre, en violation de la Charte des Nations Unies. Ce crime a été ajouté au Statut après une longue période de négociations et de débats sur la définition exacte et les conditions de sa poursuite.

Le Statut de Rome met également en place une structure judiciaire complexe pour la CPI. La Cour est composée de plusieurs organes, dont la Présidence, la Chambre préliminaire, la Chambre de première instance, la Chambre d'appel, le Bureau du procureur et le Greffe. La Présidence est responsable de la gestion administrative et judiciaire de la Cour, tandis que la Chambre préliminaire examine les affaires pour déterminer si des enquêtes peuvent être ouvertes. La Chambre de première instance est chargée de juger les affaires, tandis que la Chambre d'appel examine les recours contre les décisions rendues par la Chambre de première instance. Le Bureau du procureur est responsable de l'enquête et de la poursuite des crimes relevant de la compétence de la CPI, tandis que le Greffe assure l'administration générale de la Cour, y compris la gestion des affaires judiciaires et la protection des victimes et des témoins.

Le Statut de Rome repose sur le principe de complémentarité, qui stipule que la CPI n'interviendra que lorsque les juridictions nationales ne sont pas en mesure ou ne souhaitent pas juger les responsables des crimes relevant de sa compétence. Ce principe est essentiel pour respecter la souveraineté des États tout en garantissant que les criminels ne bénéficient pas de l'impunité. La CPI ne se substitue pas aux juridictions nationales, mais elle intervient lorsque ces dernières échouent à rendre justice.

Le Statut de Rome établit également un mécanisme de coopération entre les États parties à la Cour. Les États parties s'engagent à coopérer avec la CPI dans l'arrestation des suspects, la fourniture de preuves et la protection des témoins. L'article 86 du Statut impose aux États parties de prendre toutes les mesures nécessaires pour coopérer avec la CPI, notamment en exécutant les mandats d'arrêt et en fournissant des informations pertinentes pour les enquêtes. En outre, les États doivent adopter des législations nationales compatibles avec le Statut de Rome pour faciliter la coopération avec la Cour et assurer la mise en œuvre des décisions rendues par celle-ci.

Le Statut de Rome a été signé par 120 États et est entré en vigueur le 1er juillet 2002, après avoir été ratifié par 60 États. Depuis lors, la CPI a été constituée et a commencé ses activités, avec des enquêtes et des procès en cours concernant des crimes commis en République Démocratique du Congo, en Ouganda, en République Centrafricaine, en Côte d'Ivoire, au Darfour (Soudan) et ailleurs. Bien que la CPI ait joué un rôle important dans la lutte contre l'impunité, elle a également été confrontée à des critiques, notamment de la part de certains États qui lui reprochent d'être partiale ou d'ignorer les crimes commis par d'autres acteurs internationaux. Cependant, la CPI reste un acteur central du système de justice pénale internationale et un symbole de la lutte pour la justice, la paix et la réconciliation dans le monde.

Les références exactes pour le Statut de Rome incluent le Statut de Rome de la Cour pénale internationale, adopté le 17 juillet 1998, et entré en vigueur le 1er juillet 2002. Ce texte fondateur est disponible sur le site officiel de la Cour pénale internationale : https://www.icc-cpi.int. Les articles pertinents sont notamment l'article 5 (compétence de la Cour), l'article 6 (génocide), l'article 7 (crimes contre l'humanité), l'article 8 (crimes de guerre), et l'article 8 bis (crime d'agression)

- Compétences et limites : juridiction, temporalité, et coopération des États.

La Cour pénale internationale (CPI), instituée par le Statut de Rome, a pour objectif de juger les individus responsables des crimes les plus graves qui touchent la communauté internationale, notamment le génocide, les crimes contre l'humanité, les crimes de guerre et, depuis 2010, le crime d'agression. Cependant, la CPI, bien qu'étant une juridiction permanente, se trouve soumise à des compétences et à des limites spécifiques qui influent sur son fonctionnement et sa capacité à mener à bien ses missions. Ces limites se manifestent à travers sa juridiction, sa temporalité et la coopération des États.

La juridiction de la CPI

La compétence de la CPI est définie par le Statut de Rome, qui précise les types de crimes qu'elle est habilitée à juger. La Cour a une compétence *ratione materiae* (en fonction de la nature des crimes), *ratione personae* (en fonction des personnes concernées) et *ratione loci* (en fonction des territoires concernés).

En ce qui concerne les crimes, la CPI peut juger les crimes de génocide, les crimes contre l'humanité, les crimes de guerre et le crime d'agression. Le génocide, défini à l'article 6 du Statut de Rome, est un acte visant à détruire, en tout ou en partie, un groupe national, ethnique, racial ou religieux par des moyens tels que le meurtre, l'extermination ou la privation de conditions de vie nécessaires à l'existence de ce groupe. Les crimes contre l'humanité, définis à l'article 7, incluent des actes tels que le meurtre, l'esclavage, la torture et la persécution commis dans le cadre d'une attaque généralisée ou systématique contre une population civile. Les crimes de guerre, énoncés à l'article 8, concernent les violations graves du droit international humanitaire commises pendant un conflit armé, tandis que le crime d'agression, introduit par le Statut de Rome et défini à l'article 8 bis, est l'acte d'un État qui utilise illégalement la force armée contre un autre État.

La compétence *ratione personae* de la CPI est limitée aux individus, ce qui signifie que la Cour ne peut juger que des personnes physiques, et non des entités ou des États. Cela permet de garantir que les responsables de crimes graves, qu'ils soient des dirigeants politiques, militaires ou autres, soient tenus responsables de leurs actes. La Cour n'a cependant pas compétence sur les crimes commis par des ressortissants d'États non parties au Statut de Rome, sauf si ces crimes sont commis sur le territoire d'un État membre ou dans le cadre d'une situation renvoyée par le Conseil de sécurité des Nations Unies.

La compétence *ratione loci* de la CPI est liée à la territorialité des crimes. La Cour peut exercer sa compétence sur des crimes commis sur le territoire d'un État partie au Statut de Rome, mais aussi dans des situations où l'État concerné a accepté la compétence de la CPI, même si le crime a été commis par un ressortissant d'un État non partie. Cette compétence est également étendue par des résolutions du Conseil de sécurité des Nations Unies, en vertu du chapitre VII de la Charte des Nations Unies, qui peuvent renvoyer des situations à la CPI, comme cela a été le cas pour le Darfour (Soudan) et la Libye.

La temporalité de la CPI

La compétence temporelle de la CPI est également un aspect clé de son mandat. En vertu de l'article 11 du Statut de Rome, la CPI n'a compétence que pour les crimes commis après l'entrée en vigueur du Statut, soit le 1er juillet 2002. Cela signifie que la Cour ne peut pas juger des crimes qui se sont produits avant cette date, sauf si un État partie a accepté de lui accorder une compétence rétroactive. Cette limitation temporelle est importante car elle reflète l'intention de la communauté internationale de créer une juridiction de droit pénal international qui n'interviendrait qu'à partir du moment où elle a été formellement établie et a acquis une légitimité.

Cependant, cette limitation temporelle a également des conséquences importantes sur la capacité de la CPI à juger certains crimes graves qui ont eu lieu avant cette date. Par exemple, les crimes commis pendant les conflits en ex-Yougoslavie et au Rwanda, qui ont conduit à la création des tribunaux pénaux internationaux ad hoc (TPIY et TPIR), n'ont pas pu être jugés par la CPI, car ces événements se sont produits avant l'entrée en vigueur du Statut de Rome. Cela montre que, bien que la CPI soit une juridiction permanente, sa compétence temporelle est strictement encadrée par la date d'entrée en vigueur du Statut.

La coopération des États

Un autre aspect important du fonctionnement de la CPI est la coopération des États parties au Statut de Rome. La Cour n'a pas de force de police propre et dépend donc des États pour l'exécution de ses mandats d'arrêt, la collecte de preuves et la protection des témoins. La coopération des États est donc essentielle pour que la CPI puisse remplir sa mission de manière effective.

L'article 86 du Statut de Rome impose aux États parties de coopérer pleinement avec la Cour, notamment en fournissant des informations pertinentes, en exécutant les mandats d'arrêt et en facilitant l'arrestation des suspects. Cependant, cette coopération n'est pas toujours garantie. Certains États ont été réticents à coopérer avec la CPI, en particulier lorsque des dirigeants ou des responsables politiques de haut rang sont impliqués. Par exemple, plusieurs mandats d'arrêt ont été émis contre des suspects de crimes graves, mais certains d'entre eux, comme l'ex-président soudanais Omar el-Béchir, n'ont pas été arrêtés, car les États concernés ont refusé de les remettre à la CPI.

L'article 98 du Statut de Rome introduit une autre limite importante concernant la coopération des États. Il stipule que la CPI ne peut pas demander à un État de remettre une personne si cette remise violerait des accords bilatéraux ou multilatéraux conclus entre cet État et un autre État concernant l'extradition ou la remise de fugitifs. Cette disposition a été utilisée par certains pays pour éviter de coopérer avec la Cour, invoquant des accords bilatéraux d'immunité ou d'autres exceptions qui limitent leur obligation de coopérer.

Les États qui ne sont pas parties au Statut de Rome ne sont pas juridiquement tenus de coopérer avec la CPI, bien que la Cour puisse exercer sa compétence sur les crimes commis sur leur territoire ou par leurs ressortissants, si la situation est renvoyée à la CPI par le Conseil de sécurité des Nations Unies.

Toutefois, le manque de coopération de certains États non parties a limité l'efficacité de la CPI, en particulier dans des situations où des pays puissants, comme les États-Unis ou la Chine, ne reconnaissent pas la compétence de la Cour.

Les limites de la CPI

La CPI, bien qu'étant une avancée significative dans la lutte contre l'impunité, rencontre plusieurs limites pratiques et juridiques. La question de la coopération des États, comme mentionné précédemment, est l'un des principaux défis auxquels la Cour est confrontée. L'absence de mécanismes de contrainte directe pour forcer les États à coopérer, ainsi que le refus de certains pays puissants de ratifier le Statut de Rome, limitent la portée de la Cour. De plus, la CPI est critiquée pour son approche perçue comme partiale, certains accusant la Cour de se concentrer principalement sur les crimes commis par des dirigeants africains, tandis que d'autres situations, notamment celles impliquant des pays puissants, sont perçues comme négligées.

En outre, le Statut de Rome limite la compétence de la CPI en ce qui concerne les crimes commis par des ressortissants d'États non parties au traité, sauf si un renvoi est effectué par le Conseil de sécurité des Nations Unies. Cela crée un vide juridique, car certains pays qui ne sont pas membres de la Cour, comme les États-Unis, la Chine, l'Inde et la Russie, échappent à sa juridiction, ce qui remet en question l'universalité du système de justice pénale internationale.

Enfin, la CPI est également limitée par la nécessité de recueillir des preuves et de mener des enquêtes dans des contextes souvent très complexes et dangereux, où l'accès aux zones de conflit et aux témoins peut être extrêmement difficile. Ces défis logistiques et sécuritaires peuvent ralentir le travail de la Cour et nuire à sa capacité à rendre la justice de manière rapide et efficace.

Les compétences de la CPI sont vastes, mais elles sont également encadrées par des limites juridiques et pratiques qui peuvent nuire à son efficacité. La Cour a une compétence sur des crimes spécifiques commis après l'entrée en vigueur du Statut de Rome, mais elle dépend de la coopération des États pour faire exécuter ses mandats et garantir l'arrestation des suspects. La CPI est un instrument essentiel dans la lutte contre l'impunité, mais son succès dépend largement de la volonté des États à coopérer pleinement avec elle.

La Cour pénale internationale (CPI) fait face à plusieurs autres limites qui affectent sa légitimité et son efficacité. De nombreux pays puissants, comme les États-Unis[2], la Russie, la

---

2 Les États-Unis font des accords bilatéraux avec les états de manière à ce que leurs ressortissants ne soient pas arrêtés lorsqu'ils se rendent dans des pays signataires. En effet, la compétence universelle permet à n'importe quel état d'arrêter un suspect poursuivi par la CPI.

Chine ou encore Israël[3], n'ont pas ratifié ou ont retiré leur signature du Statut de Rome, ce qui signifie qu'ils échappent en grande partie à la juridiction de la Cour. Cela crée une justice internationale à deux vitesses, souvent perçue comme sélective ou politisée.

La CPI est également critiquée pour son manque d'impartialité, certaines enquêtes étant accusées de cibler principalement des pays africains ou des ennemis géopolitiques de puissances occidentales. Des controverses touchent aussi le fonctionnement interne de la Cour. Des accusations ont émergé concernant le comportement personnel de certains responsables, y compris des allégations d'agressions sexuelles visant d'anciens ou actuels membres du bureau du procureur, bien que ces faits nécessitent des vérifications rigoureuses et ne doivent pas être généralisés sans preuve solide.

Enfin, l'inefficacité des mécanismes de coopération entre la CPI et les États membres limite sa capacité à faire exécuter ses mandats d'arrêt. Sans police propre, la Cour dépend de la volonté des pays pour arrêter et transférer les suspects. Ces

---

3 On peut aussi ajouter : Inde, Pakistan, Arabie saoudite, Israël, Iran, Turquie, Indonésie, Vietnam, Corée du Nord, Kazakhstan, Sri Lanka, Myanmar, Laos, Cambodge, Tadjikistan, Turkménistan, Kirghizistan, Ouzbékistan et Malaisie.

Le refus de rejoindre la CPI par ces pays limite grandement la portée de la justice internationale, surtout lorsque des puissances militaires ou régionales ne reconnaissent pas son autorité.

failles affaiblissent sa crédibilité auprès de nombreuses populations et remettent en question sa capacité à rendre une justice réellement universelle.

- Affaires emblématiques jugées par la CPI.

La Cour pénale internationale (CPI), depuis sa création en 2002, a été appelée à juger certains des crimes les plus graves commis dans le monde, en particulier ceux qui ont affecté des populations civiles dans des contextes de conflits armés, de génocide ou de crimes contre l'humanité. Parmi les affaires jugées par la CPI, plusieurs ont eu un impact significatif sur le droit pénal international, en raison de leur nature, des personnalités impliquées et des enjeux juridiques qu'elles ont soulevés. Ces cas emblématiques illustrent non seulement le rôle de la CPI dans la lutte contre l'impunité, mais aussi les défis auxquels elle est confrontée dans l'exercice de ses fonctions.

L'affaire Thomas Lubanga Dyilo

L'affaire Thomas Lubanga Dyilo est l'une des premières affaires jugées par la CPI et revêt une importance particulière pour le développement du droit international pénal. Thomas Lubanga Dyilo, ancien chef militaire de l'Union des patriotes congolais (UPC), un groupe armé impliqué dans le conflit en République Démocratique du Congo (RDC), a été accusé de crimes de guerre, notamment de conscription, d'enrôlement et d'utilisation d'enfants soldats dans le cadre du conflit armé qui a ravagé l'Ituri, une région de la RDC, entre 2002 et 2003. Ces actes ont été considérés comme des violations graves du droit international humanitaire, en particulier des conventions de Genève de 1949 et de leurs protocoles additionnels, qui interdisent l'utilisation d'enfants soldats dans les conflits armés.

Le procès de Lubanga a été emblématique car il a marqué le premier jugement de la CPI. En 2012, la Cour a déclaré Thomas Lubanga coupable de l'enrôlement et de l'utilisation d'enfants soldats et l'a condamné à 14 ans de prison. Cette affaire a non seulement mis en lumière l'importance de la lutte contre l'exploitation des enfants dans les conflits armés, mais elle a aussi permis à la CPI de poser des jalons importants dans la définition et la répression de ce crime spécifique, à savoir l'utilisation d'enfants soldats dans des conflits armés, conformément à l'article 8 du Statut de Rome.

La décision dans l'affaire Lubanga a également été marquée par la question de la collecte de preuves et des droits de la défense, la CPI étant confrontée à des défis pour obtenir des témoignages fiables dans des contextes de guerre. Le verdict a néanmoins renforcé la position de la Cour en matière de protection des enfants et a mis en évidence la responsabilité individuelle des leaders militaires pour de tels crimes.

L'affaire Jean-Pierre Bemba

Jean-Pierre Bemba, ancien vice-président de la République Démocratique du Congo et chef du Mouvement pour la libération du Congo (MLC), a été jugé par la CPI pour son rôle dans les crimes commis par ses troupes en République Centrafricaine (RCA) en 2002-2003. Le procès de Bemba a été particulièrement significatif car il portait sur des crimes commis par des forces armées sous son contrôle, mais qui n'étaient pas directement sous son commandement au moment des faits. Il a été accusé de crimes de guerre et de crimes contre l'humanité, notamment de meurtres, de viols et de pillages, commis par les soldats du MLC lors de leur intervention en RCA, à la demande du gouvernement centrafricain.

En 2016, la CPI a condamné Jean-Pierre Bemba à 18 ans de prison, en reconnaissant sa responsabilité en tant que commandant militaire pour les crimes commis par ses troupes. La Cour a appliqué le principe de la responsabilité du commandant, tel qu'établi par le droit international, selon lequel un supérieur militaire peut être tenu responsable des crimes commis par ses subordonnés si ces crimes ont été commis en raison de son échec à prévenir ou à punir ces actes. Le cas de Bemba a été un test important pour la CPI en matière de responsabilité de commandement et a contribué à affiner la jurisprudence relative à la responsabilité pénale des chefs militaires.

Cependant, en 2018, la Chambre d'appel a annulé la condamnation de Jean-Pierre Bemba, en estimant que la Cour n'avait pas suffisamment démontré sa responsabilité directe dans les crimes commis par ses troupes. Cette décision a suscité un débat sur les standards de preuve et sur les limites de la responsabilité pénale des supérieurs militaires. Néanmoins, cette affaire a renforcé l'importance de la CPI en matière de lutte contre l'impunité et de clarification des normes de responsabilité pénale internationale.

Les affaires de Laurent Gbagbo et Charles Blé Goudé

Le cas de Laurent Gbagbo, ancien président de la Côte d'Ivoire, et de Charles Blé Goudé, son ancien ministre de la Jeunesse, a été un autre procès emblématique pour la CPI. Gbagbo et Blé Goudé ont été accusés de crimes contre l'humanité, notamment de meurtres, de viols et d'autres actes de violence, commis pendant la crise post-électorale en Côte d'Ivoire en 2010-2011. Après les élections présidentielles de 2010, Laurent Gbagbo a refusé de céder le pouvoir à Alassane Ouattara, malgré la reconnaissance internationale de la victoire de ce dernier. La crise qui a suivi a été marquée par des violences extrêmes, des abus des droits humains et des crimes graves contre les civils.

Le procès de Gbagbo et Blé Goudé, débuté en 2016, a été très suivi, car il mettait en lumière les tensions politiques en Afrique de l'Ouest et la responsabilité des dirigeants politiques dans les violences. En 2019, la Chambre de première instance de la CPI a acquitté Gbagbo et Blé Goudé, en estimant que les preuves présentées n'étaient pas suffisantes pour établir leur responsabilité pénale. Cette décision a été perçue comme un échec pour la CPI, mais elle a également renforcé la nécessité d'un examen minutieux des preuves et du respect des droits de la défense. L'acquittement a suscité des réactions contrastées, certains saluant le respect des principes de justice, tandis que d'autres critiquaient l'impunité perçue pour des crimes graves.

L'affaire Omar al-Béchir

L'affaire d'Omar al-Béchir, l'ex-président du Soudan, est l'un des cas les plus médiatisés de la CPI. Béchir a été accusé de génocide, de crimes contre l'humanité et de crimes de guerre en raison de son rôle dans le conflit au Darfour, une région du Soudan, où des millions de personnes ont été tuées, déplacées ou persécutées entre 2003 et 2008. En 2009 et 2010, la CPI a émis des mandats d'arrêt contre Béchir pour ces crimes, ce qui a marqué un tournant dans l'application de la justice pénale internationale, étant donné que Béchir était un chef d'État en exercice.

Cependant, malgré ces mandats d'arrêt, Béchir a continué de voyager à l'étranger et a bénéficié de la protection de certains États, qui ont refusé de l'arrêter, invoquant des considérations diplomatiques ou des accords bilatéraux. L'affaire d'Omar al-Béchir a mis en lumière les limites de la CPI, notamment en ce qui concerne la coopération des États et la difficulté de faire exécuter les mandats d'arrêt contre des personnalités politiques puissantes. En 2019, Béchir a été renversé par un coup d'État au Soudan, et bien que la CPI continue de poursuivre ses efforts pour l'arrêter, son cas reste emblématique des défis rencontrés par la Cour dans l'exécution de ses décisions.

Les affaires Germain Katanga et Mathieu Ngudjolo Chui

L'affaire Germain Katanga et Mathieu Ngudjolo Chui est l'une des premières grandes affaires de la CPI concernant des crimes commis en République Démocratique du Congo (RDC). Katanga, un ancien chef de milice de l'Union des patriotes congolais (UPC), et Ngudjolo Chui, un ancien commandant de l'armée du Front de libération du Congo (FLC), ont été accusés de crimes de guerre et de crimes contre l'humanité commis lors du massacre de civils dans la région de l'Ituri, au cours du conflit qui a secoué cette région entre 2002 et 2003. Les deux hommes étaient accusés d'avoir organisé et mené des attaques violentes contre des villages, tuant des civils, commettant des viols, des pillages et d'autres actes de violence extrême.

En 2014, la CPI a rendu son verdict, déclarant Germain Katanga coupable de crimes de guerre, notamment de meurtre, d'attaque contre des civils et de pillage, mais l'a acquitté des charges de crimes contre l'humanité. En revanche, Mathieu Ngudjolo Chui a été acquitté de toutes les charges. Cette affaire a mis en lumière les défis auxquels la CPI est confrontée en matière de preuves et de responsabilité individuelle, en particulier dans des situations de guerre où les commandants militaires peuvent être accusés de crimes commis par leurs troupes. Le verdict a également soulevé des questions sur les critères de la responsabilité pénale des chefs militaires et la distinction entre crimes de guerre et crimes contre l'humanité.

L'affaire Bosco Ntaganda

Bosco Ntaganda, un ancien chef militaire congolais, est un autre exemple de procès emblématique devant la CPI. Il a été accusé de crimes de guerre et de crimes contre l'humanité commis pendant le conflit en République Démocratique du Congo, notamment dans la région du Kivu, entre 2002 et 2003. Ntaganda, surnommé "Terminator" en raison de sa brutalité, a été impliqué dans des actes de violence extrême, y compris des meurtres, des viols, des recrutements forcés d'enfants soldats et des attaques contre des civils.

Le procès de Ntaganda, entamé en 2015, a été marqué par plusieurs aspects notables. En 2019, la CPI a reconnu Ntaganda coupable de 18 chefs d'accusation, notamment de crimes de guerre et de crimes contre l'humanité, et l'a condamné à 30 ans de prison. Cette affaire a mis en évidence l'importance de la lutte contre l'utilisation d'enfants soldats et la protection des civils dans les conflits armés. Ntaganda est également l'un des premiers accusés à se rendre volontairement à la CPI après avoir échappé à l'arrestation pendant plusieurs années, ce qui a marqué un tournant dans la coopération des accusés avec la Cour.

L'affaire Ahmad al-Faqi al-Mahdi

L'affaire Ahmad al-Faqi al-Mahdi est un cas unique et symbolique dans l'histoire de la CPI, car il concerne la destruction délibérée de sites religieux et culturels, un crime qui a été jugé pour la première fois par la Cour. Ahmad al-Faqi al-Mahdi, un ancien membre d'un groupe islamiste radical, a été accusé de crimes de guerre pour sa participation à la destruction de mausolées et de mosquées historiques à Tombouctou, au Mali, en 2012. Ces destructions ont été qualifiées de crimes de guerre en vertu de l'article 8 du Statut de Rome, qui interdit la destruction injustifiée de biens culturels pendant un conflit armé.

En 2016, Ahmad al-Faqi al-Mahdi a plaidé coupable de la destruction de ces sites culturels et a été condamné à neuf ans de prison. Ce procès a marqué un tournant dans la reconnaissance de la protection du patrimoine culturel en période de guerre, un domaine qui n'avait pas été suffisamment abordé dans les précédentes affaires de la CPI. Il a également montré la capacité de la CPI à s'adapter aux évolutions du droit international en matière de protection des biens culturels et à juger des crimes qui ne sont pas toujours liés à la violence physique contre les individus, mais qui ont des conséquences profondes sur l'identité culturelle et historique d'un peuple.

L'affaire Saif al-Islam Kadhafi

Saif al-Islam Kadhafi, fils de l'ex-dirigeant libyen Mouammar Kadhafi, a été accusé par la CPI de crimes contre l'humanité, en particulier pour son rôle dans la répression violente des manifestations contre le régime de son père en 2011, pendant le soulèvement libyen. Saif al-Islam Kadhafi a été accusé d'avoir supervisé des attaques contre des civils, des meurtres et des actes de torture, en violation du droit international humanitaire. Un mandat d'arrêt a été émis contre lui en 2011, mais il a été capturé par des milices libyennes et a été détenu pendant plusieurs années.

Le cas de Saif al-Islam Kadhafi est emblématique des défis rencontrés par la CPI en matière de coopération internationale et d'exécution des mandats d'arrêt. Bien que la Libye soit un État partie au Statut de Rome, le pays n'a pas coopéré avec la CPI pour remettre Kadhafi à la Cour, et il a été libéré en 2017 par des autorités libyennes locales, ce qui a conduit à une situation complexe de non-exécution du mandat d'arrêt. Cette affaire soulève des questions sur l'efficacité de la CPI lorsque les accusés se trouvent dans des pays qui ne respectent pas ses décisions, ce qui limite la portée de la Cour dans certains contextes politiques et géopolitiques.

L'affaire Al Hassan Ag Abdoul Aziz Ag Mohamed Ag Mahmoud

Al Hassan Ag Abdoul Aziz Ag Mohamed Ag Mahmoud est un ancien membre d'un groupe islamiste radical en charge de la police de la "morale" dans la région de Tombouctou, au Mali. Il a été accusé de crimes de guerre et de crimes contre l'humanité, notamment de violences sexuelles, de torture, d'esclavage sexuel et de persécution, ainsi que de destruction de biens culturels, en raison de son rôle dans l'application des lois strictes et de la destruction de mausolées et de sites religieux à Tombouctou. Al Hassan a été arrêté en 2018 et son procès a commencé en 2020. Cette affaire revêt une importance particulière, car elle concerne des violations des droits des femmes, y compris des actes de violence sexuelle, et met en lumière le rôle des groupes armés dans l'exploitation des femmes et des enfants dans les conflits armés.

L'affaire Al Hassan est également importante car elle représente un progrès dans la lutte contre l'impunité pour les violences sexuelles en temps de guerre, un domaine qui a été souvent négligé dans les précédentes affaires de la CPI. La condamnation de responsables pour des crimes sexuels dans les conflits armés est devenue un élément central du travail de la CPI, en particulier avec l'adoption de la résolution 1820 du Conseil de sécurité de l'ONU, qui reconnaît le viol et la violence sexuelle comme des armes de guerre.

Conclusion

Les affaires jugées par la CPI illustrent les avancées et les défis du droit pénal international. De Thomas Lubanga Dyilo à Omar al-Béchir, en passant par Jean-Pierre Bemba et Laurent Gbagbo, ces affaires montrent la capacité de la Cour à tenir des individus responsables des crimes les plus graves, mais aussi les obstacles auxquels elle se heurte, notamment en termes de coopération des États et de preuves. Ces affaires ont permis à la CPI de renforcer sa jurisprudence et de mieux comprendre les défis liés à la responsabilité pénale des individus, à la collecte de preuves et à la coopération des États. Cependant, elles révèlent également les difficultés pratiques rencontrées par la Cour, notamment en ce qui concerne l'exécution des mandats d'arrêt et la coopération des États. Les affaires jugées par la CPI continuent de façonner l'avenir du droit pénal international et de promouvoir la justice pour les victimes des crimes les plus graves. Ces affaires sont des jalons dans l'évolution du droit pénal international et soulignent l'importance de la CPI dans la lutte contre l'impunité, tout en mettant en lumière les limites et les critiques auxquelles la Cour est confrontée.

3. Les juridictions nationales :

Les juridictions nationales jouent également un rôle important dans la lutte contre les crimes de guerre, en poursuivant les responsables de ces crimes sur leur propre territoire. Chaque

État a la responsabilité première de juger les crimes internationaux, conformément au principe de compétence universelle. Cela signifie qu'un État peut juger des crimes de guerre, même si les faits ont eu lieu à l'étranger, à condition que l'accusé se trouve sur son sol. Les juridictions nationales peuvent ainsi compléter les actions des tribunaux internationaux, mais elles rencontrent parfois des obstacles, comme des pressions politiques ou des limitations en matière de preuves. Toutefois, certains pays ont réussi à mener des procès nationaux importants pour les crimes de guerre, contribuant à la justice internationale et à la réconciliation.

- Le principe de compétence universelle.

Le principe de compétence universelle est un principe fondamental du droit international pénal qui permet à tout État d'exercer sa juridiction sur certains crimes graves, peu importe où ces crimes ont été commis ou la nationalité des auteurs ou des victimes. Ce principe repose sur l'idée que certains crimes sont d'une telle gravité qu'ils concernent l'ensemble de la communauté internationale, et qu'il est de l'intérêt de tous les États de les poursuivre et de les punir, même si ces crimes ont été commis hors de leurs frontières. Ce principe a été intégré dans plusieurs instruments juridiques internationaux et a joué un rôle clé dans la lutte contre l'impunité pour les crimes graves, notamment le génocide, les crimes de guerre et les crimes contre l'humanité.

Fondements juridiques du principe de compétence universelle

Le principe de compétence universelle trouve ses racines dans plusieurs conventions et instruments internationaux, notamment les Conventions de Genève de 1949 et leurs protocoles additionnels, ainsi que dans les résolutions du Conseil de sécurité de l'ONU. Le droit international humanitaire, en particulier, a reconnu que certains crimes, tels que le génocide, les crimes de guerre et les crimes contre l'humanité, sont d'une telle gravité qu'ils dépassent les intérêts nationaux et nécessitent une réponse internationale.

L'article 6 du Statut de Rome de la Cour pénale internationale (CPI) prévoit que la Cour a compétence pour juger les crimes les plus graves, tels que le génocide, les crimes de guerre et les crimes contre l'humanité, mais cette compétence est limitée aux États parties au Statut de Rome ou lorsque le Conseil de sécurité de l'ONU saisit la CPI. Cependant, le principe de compétence universelle permet aux États d'exercer leur propre juridiction sur ces crimes, même en l'absence de lien direct avec leur territoire ou leurs ressortissants.

En 1998, lors de la Conférence de Rome qui a conduit à l'adoption du Statut de Rome, les États ont reconnu la nécessité d'un mécanisme judiciaire international, mais ils ont également affirmé que les États pouvaient exercer leur compétence sur les crimes internationaux graves en vertu de la compétence universelle, indépendamment de l'endroit où ces crimes ont été commis. Cela a permis de renforcer l'idée selon laquelle les crimes de génocide, de guerre et contre l'humanité ne sont pas seulement des violations des droits des individus, mais aussi des atteintes à la communauté internationale dans son ensemble.

Application du principe de compétence universelle

Le principe de compétence universelle a été appliqué dans plusieurs juridictions nationales, où des criminels de guerre et des responsables de violations graves des droits humains ont été poursuivis et jugés, même si les crimes avaient été commis dans un autre pays. Cela a été particulièrement important dans les cas où les auteurs de ces crimes échappaient à la justice dans leur propre pays, en raison de l'absence de volonté politique ou de l'absence de capacités judiciaires.

L'un des exemples les plus célèbres de l'application de la compétence universelle est l'affaire d'Auguste Pinochet, l'ex-dictateur chilien, qui a été arrêté en 1998 à Londres sur la base d'un mandat d'arrêt international délivré par l'Espagne pour des crimes de torture et de génocide commis pendant son régime. Bien que Pinochet ait invoqué son immunité en tant qu'ex-président, la Cour d'appel de Londres a décidé qu'il pouvait être extradé vers l'Espagne pour y être jugé, en raison de la nature universelle des crimes dont il était accusé. Cette affaire a marqué un tournant dans l'application du principe de compétence universelle, en soulignant que les crimes de torture et les crimes contre l'humanité ne peuvent pas être protégés par l'immunité de fonction.

Le principe de compétence universelle a également été appliqué dans des cas de poursuites contre des individus accusés de crimes de guerre. En 2001, un tribunal belge a jugé un ancien membre du gouvernement rwandais pour sa participation au génocide de 1994. Bien que la Belgique ait modifié sa législation en 2014 pour limiter l'application de la compétence universelle, ce procès a été un exemple clé de la manière dont le principe peut être utilisé pour juger des crimes internationaux graves, même lorsque les crimes ont été commis dans un autre pays.

Les défis de l'application de la compétence universelle

L'application du principe de compétence universelle rencontre plusieurs défis. L'un des principaux obstacles est la question de l'immunité des hauts responsables, notamment des chefs d'État et des diplomates. En vertu du droit international, les chefs d'État en exercice et les diplomates bénéficient d'une immunité fonctionnelle qui les protège contre les poursuites judiciaires dans certains États. Cette immunité a été un obstacle majeur dans plusieurs affaires, car elle empêche parfois les poursuites contre des responsables de crimes internationaux graves.

En outre, l'application de la compétence universelle peut être politiquement sensible, car elle implique souvent l'intervention d'un État dans les affaires intérieures d'un autre pays. Cela peut créer des tensions diplomatiques, en particulier lorsque les accusés sont des personnalités politiques de haut niveau. Par exemple, l'arrestation et l'extradition de responsables de crimes de guerre ou de génocide peuvent être perçues comme des actes d'ingérence dans la souveraineté d'un autre État. Ce défi a conduit certains pays à adopter des législations nationales limitant l'application de la compétence universelle, notamment en excluant certains crimes ou en exigeant des liens plus forts avec le pays pour justifier l'exercice de la compétence.

Un autre défi est celui de la collecte de preuves. Les crimes internationaux graves, en particulier les crimes de guerre et les crimes contre l'humanité, sont souvent commis dans des zones de conflit, où les conditions sont chaotiques et où les preuves peuvent être difficiles à obtenir. Les témoins peuvent être absents, intimidés ou tués, et les autorités locales peuvent manquer de ressources pour mener des enquêtes efficaces. Cela rend difficile pour les États de recueillir les preuves nécessaires pour poursuivre les responsables, ce qui peut entraver l'application de la compétence universelle.

Exemples de poursuites fondées sur la compétence universelle

Malgré ces défis, plusieurs États ont réussi à appliquer le principe de compétence universelle pour poursuivre des criminels de guerre et des responsables de violations graves des droits humains. L'un des exemples les plus célèbres est l'affaire de l'ex-président tchadien Hissène Habré, qui a été jugé en 2016 au Sénégal pour des crimes de guerre, des crimes contre l'humanité et des actes de torture commis pendant son régime, de 1982 à 1990. Bien que Habré ait été exilé au Sénégal après sa chute, il a été jugé par un tribunal spécial créé au Sénégal, soutenu par l'Union africaine, en vertu du principe de compétence universelle. En 2016, Habré a été condamné à la réclusion à perpétuité pour ses crimes.

En 2020, un tribunal allemand a jugé un ancien membre des services de renseignement syriens, Anwar R., pour sa participation à la torture et à la persécution de détenus syriens entre 2011 et 2012. Ce procès a marqué un tournant dans l'application de la compétence universelle pour juger des crimes commis dans le contexte du conflit syrien. Ce procès a été le premier en Allemagne à être fondé sur la compétence universelle pour juger des crimes de guerre en Syrie, et il a ouvert la voie à d'autres poursuites similaires dans le cadre du conflit syrien.

Le principe de compétence universelle est un outil puissant dans la lutte contre l'impunité pour les crimes internationaux graves. Il permet à tout État de poursuivre et de juger les auteurs de crimes tels que le génocide, les crimes de guerre et les crimes contre l'humanité, indépendamment du lieu où ces crimes ont été commis ou de la nationalité des auteurs ou des victimes. Bien que l'application de ce principe rencontre plusieurs défis, notamment en raison de l'immunité des responsables, de la pression politique et des difficultés liées à la collecte de preuves, il a permis de juger certains des criminels les plus notoires au monde, comme Hissène Habré et Anwar R. En fin de compte, la compétence universelle renforce le système de justice pénale internationale et contribue à la promotion de la justice pour les victimes des crimes les plus graves.

- Les défis des poursuites nationales : pression politique, preuves et immunités.

Les poursuites nationales pour des crimes internationaux graves, tels que le génocide, les crimes de guerre et les crimes contre l'humanité, sont un élément important du système de justice pénale internationale. Cependant, ces poursuites sont confrontées à de nombreux défis qui peuvent entraver leur efficacité. Parmi ces défis, la pression politique, la difficulté de collecte de preuves et les questions d'immunité des responsables figurent parmi les obstacles majeurs. Bien que le principe de compétence universelle permette aux États d'exercer leur juridiction sur ces crimes, la mise en œuvre de ce principe peut être extrêmement complexe dans le contexte des poursuites nationales.

La pression politique

L'un des principaux obstacles aux poursuites nationales pour des crimes internationaux est la pression politique. Dans de nombreux cas, les auteurs présumés de crimes graves occupent des positions de pouvoir ou de grande influence, ce qui peut rendre difficile leur poursuite par les juridictions nationales. Lorsque les responsables sont des figures politiques de haut rang, comme des chefs d'État, des ministres ou des généraux, les autorités judiciaires peuvent être confrontées à une pression considérable, tant au niveau national qu'international, pour ne pas les poursuivre.

Un exemple frappant de cette pression est l'affaire de l'ex-président du Tchad, Hissène Habré, qui a été accusé de crimes de guerre, de génocide et de crimes contre l'humanité. Bien qu'Habré ait été accusé d'atrocités pendant son régime, le Tchad n'a pas été en mesure de le juger, et ce, en partie en raison de la complicité ou de la tolérance des autres États africains qui le soutenaient ou avaient des liens politiques avec lui. Ce n'est qu'après une pression internationale soutenue, notamment de la part des organisations de droits de l'homme et de la communauté internationale, que Habré a été jugé en 2016 au

Sénégal, où il a été condamné à la réclusion à perpétuité. Ce cas illustre la difficulté de mener des poursuites lorsque des responsables de crimes graves bénéficient de soutien politique à l'échelle nationale ou internationale.

De plus, la pression politique peut également provenir de l'extérieur, notamment de la part d'autres États ou d'organisations internationales. Par exemple, certains gouvernements peuvent s'opposer à l'extradition de leurs ressortissants accusés de crimes graves, arguant que cela porterait atteinte à leurs relations diplomatiques ou à leur souveraineté. Cette dynamique peut entraver l'efficacité des poursuites nationales et ralentir les efforts pour rendre justice aux victimes.

Les défis liés à la collecte de preuves

Un autre défi majeur des poursuites nationales est la collecte de preuves. Les crimes internationaux, notamment les crimes de guerre et les crimes contre l'humanité, se produisent souvent dans des contextes de guerre ou de violence politique, où les conditions sont chaotiques et où l'accès aux zones concernées peut être extrêmement difficile. Dans ces situations, il peut être compliqué pour les autorités nationales de recueillir des preuves solides pour étayer les accusations.

Les témoins peuvent être absents, intimidés ou tués, et les preuves matérielles peuvent être détruites ou cachées. Par exemple, dans le cadre du génocide rwandais de 1994, les autorités rwandaises ont dû faire face à des défis importants pour recueillir des preuves, en raison de l'ampleur de la violence, de la destruction des documents et de la fuite de nombreux responsables. La collecte de preuves est encore plus difficile lorsque les crimes ont été commis dans des zones de conflit où les infrastructures sont endommagées ou inexistantes, et où la sécurité des enquêteurs et des témoins est menacée.

Les autorités nationales peuvent également manquer de ressources et de capacités pour mener des enquêtes efficaces. Les enquêtes sur les crimes internationaux nécessitent des moyens financiers et logistiques importants, ainsi qu'une expertise spécialisée dans des domaines comme l'examen des preuves matérielles, l'interrogation des témoins, et l'analyse des documents. Dans certains pays, les systèmes judiciaires peuvent être sous-équipés pour mener des enquêtes de cette envergure, ce qui peut entraîner des retards et des lacunes dans la collecte des preuves.

Un exemple de ce défi est celui des poursuites nationales contre les responsables des crimes commis en ex-Yougoslavie pendant les guerres des années 1990. Le Tribunal pénal international pour l'ex-Yougoslavie (TPIY) a été créé pour juger les auteurs de ces crimes, mais de nombreux cas ont été traités par des juridictions nationales dans la région. Dans certains de ces procès, les autorités nationales ont eu du mal à rassembler des preuves fiables en raison de la destruction des archives et du manque de témoins disponibles.

Les questions d'immunité

Les questions d'immunité constituent un autre obstacle majeur aux poursuites nationales pour des crimes internationaux. En vertu du droit international, les chefs d'État en exercice et les diplomates bénéficient généralement d'une immunité fonctionnelle qui les protège contre les poursuites judiciaires dans certains pays. Cette immunité est fondée sur l'idée que les hauts responsables doivent être libres de remplir leurs fonctions sans crainte de poursuites judiciaires, afin de préserver la stabilité de l'État.

Cependant, cette immunité peut poser un problème lorsqu'il s'agit de poursuivre des responsables de crimes graves, notamment des crimes de guerre et des crimes contre l'humanité. L'immunité des chefs d'État et autres hauts responsables peut les protéger contre l'arrestation et la poursuite, même s'ils sont responsables de violations graves du droit international. Un exemple de cette problématique est le cas de l'ex-président soudanais Omar al-Bashir, contre lequel la Cour pénale internationale (CPI) a émis un mandat d'arrêt pour génocide, crimes de guerre et crimes contre l'humanité. Toutefois, al-Bashir a bénéficié de l'immunité en tant que chef d'État et a échappé à l'arrestation, notamment en raison du soutien de certains États africains qui l'ont protégé contre l'extradition.

L'immunité peut également être invoquée dans le cadre des poursuites nationales pour justifier l'absence d'arrestation ou de poursuites. Par exemple, certains pays peuvent refuser d'extrader un chef d'État ou un diplomate accusé de crimes graves, invoquant le principe de l'immunité diplomatique ou l'immunité de fonction. Cela peut empêcher la justice d'être rendue, en particulier lorsque les responsables de crimes graves sont protégés par des systèmes juridiques qui accordent une priorité à l'immunité des dirigeants.

Les poursuites nationales pour des crimes internationaux graves, bien qu'elles soient essentielles pour rendre justice aux victimes, sont confrontées à de nombreux défis. La pression politique, les difficultés de collecte de preuves et les questions d'immunité des responsables sont autant d'obstacles qui compliquent l'efficacité de ces poursuites. Ces défis soulignent l'importance de renforcer la coopération internationale et de soutenir les capacités des juridictions nationales afin de garantir que les auteurs de crimes internationaux ne restent pas impunis. Malgré ces obstacles, des exemples de poursuites nationales réussies, comme celles contre Hissène Habré et d'autres responsables de crimes graves, montrent qu'il est possible de surmonter ces défis et de rendre justice aux victimes.

- Exemples de procès nationaux réussis.

Les procès nationaux réussis pour juger les criminels de guerre et les responsables de violations graves du droit international humanitaire sont essentiels pour garantir la justice, la réconciliation et la responsabilisation des auteurs de crimes. Les juridictions nationales jouent un rôle fondamental dans la lutte contre l'impunité et dans la mise en œuvre du principe de compétence universelle, selon lequel certains crimes graves, tels que les crimes de guerre, le génocide et les crimes contre l'humanité, peuvent être jugés par n'importe quel État, indépendamment du lieu où ils ont été commis. À travers l'histoire, plusieurs exemples de procès nationaux ont permis de traduire en justice des criminels de guerre et de renforcer le système de justice pénale internationale.

L'un des exemples les plus emblématiques de procès nationaux réussis est celui du procès des responsables du génocide rwandais. Après le génocide de 1994, au cours duquel environ 800 000 Tutsis et Hutus modérés ont été tués en quelques mois, le gouvernement rwandais a pris des mesures pour traduire en justice les auteurs des atrocités. En plus des efforts de la communauté internationale et de la création du Tribunal pénal international pour le Rwanda (TPIR), le Rwanda a également mis en place un système judiciaire national pour juger les responsables du génocide. Le système judiciaire rwandais a été renforcé par la mise en place des Gacaca, des tribunaux communautaires traditionnels, qui ont permis de juger des milliers de personnes accusées de participation au génocide. Ces tribunaux ont joué un rôle important dans la justice transitionnelle, en facilitant la réconciliation nationale tout en punissant les responsables des crimes.

Un autre exemple notable de procès nationaux réussis est celui des procès menés en Allemagne après la Seconde Guerre mondiale, notamment dans le cadre de la répression des crimes nazis. Bien que les procès de Nuremberg aient été des procès internationaux, l'Allemagne a également mené plusieurs procès nationaux pour juger les criminels de guerre nazis. L'un des exemples les plus célèbres est celui du procès d'Adolf Eichmann, l'un des architectes du génocide juif, qui a été capturé en Argentine par le Mossad en 1960 et jugé en Israël. Bien que ce procès ait été mené en Israël, il a eu une portée mondiale, car il a mis en lumière l'ampleur des crimes commis par le régime nazi et a renforcé les principes du droit international pénal. Ce procès a également joué un rôle dans la reconnaissance de la Shoah comme un crime contre l'humanité et a contribué à l'évolution de la législation internationale sur les droits de l'homme.

Dans les années 1990, plusieurs États européens ont également mené des procès nationaux pour juger des criminels de guerre impliqués dans le conflit des Balkans. Par exemple, en 1991, la France a jugé et condamné des responsables serbes pour leur rôle dans les atrocités commises lors du siège de Sarajevo, en Bosnie-Herzégovine. En 2001, la Belgique a jugé et condamné un ancien chef paramilitaire congolais, Jean-Pierre Bemba, pour des crimes commis en République centrafricaine, en vertu du principe de compétence universelle. Ce procès a été un exemple de l'application de ce principe, qui permet aux juridictions nationales de juger des crimes graves, même si les actes ont été commis à l'étranger.

En Espagne, un autre exemple de l'application du principe de compétence universelle est le procès de l'ancien dictateur chilien Augusto Pinochet. En 1998, Pinochet a été arrêté à Londres sur la base d'un mandat d'arrêt international émis par un juge espagnol, qui l'accusait de violations des droits de l'homme, notamment de tortures et de meurtres, commises pendant son régime au Chili. Bien que Pinochet n'ait pas été extradé vers l'Espagne, cette affaire a eu un impact majeur sur la jurisprudence internationale en matière de poursuites pour crimes de guerre et crimes contre l'humanité, car elle a montré que des dirigeants étrangers pouvaient être jugés par des juridictions nationales pour des crimes commis dans leur propre pays.

Un autre exemple de procès national réussi est celui du procès des responsables du massacre de Srebrenica en Bosnie-Herzégovine, l'un des pires crimes de guerre en Europe après la Seconde Guerre mondiale. Bien que le Tribunal pénal international pour l'ex-Yougoslavie (TPIY) ait jugé plusieurs des responsables de ce massacre, la Bosnie-Herzégovine a également poursuivi certains des responsables au niveau national. Par exemple, Ratko Mladić, l'ancien général serbe accusé de génocide, a été jugé en Bosnie-Herzégovine pour son rôle dans le massacre. Ce procès a été un exemple de la capacité d'un État à juger des crimes de guerre de grande envergure au niveau national, même après la création d'un tribunal international.

Enfin, un exemple plus récent de procès national réussi concerne les poursuites engagées par la France contre des responsables de l'État islamique (EI) pour des crimes de guerre et des actes de terrorisme. Après les attentats terroristes de novembre 2015 à Paris, la France a intensifié ses efforts pour juger les responsables de crimes liés au terrorisme, en utilisant son système judiciaire national. En 2020, la France a jugé plusieurs membres de l'EI pour leur implication dans les attentats, soulignant ainsi l'importance de la compétence nationale pour traiter les crimes graves, y compris ceux liés au terrorisme.

Ces exemples montrent que, malgré les défis politiques, logistiques et juridiques, les juridictions nationales peuvent jouer un rôle important dans la lutte contre l'impunité et la promotion de la justice pénale. Les États sont responsables de juger les criminels de guerre, et leur capacité à le faire renforce la légitimité des systèmes judiciaires nationaux et la confiance des victimes dans le processus de justice. Bien que les tribunaux internationaux aient un rôle complémentaire important, les procès nationaux sont essentiels.

Chapitre 3 : Les défis juridiques dans la lutte contre les crimes de guerre

La troisième partie de cette étude explore les défis juridiques auxquels la communauté internationale et les États font face dans la lutte contre les crimes de guerre. La complexité de cette lutte réside dans plusieurs facteurs, allant des obstacles juridiques à la collecte de preuves, aux tensions entre justice et diplomatie, en passant par les nouveaux enjeux posés par l'évolution des conflits et des technologies.

Le premier défi majeur concerne les obstacles à la poursuite des criminels de guerre. L'immunité des chefs d'État et des hauts responsables reste un obstacle majeur, car elle peut empêcher la justice d'atteindre les plus hauts niveaux de pouvoir. De plus, les difficultés liées à la collecte de preuves dans les zones de conflit, souvent marquées par l'insécurité et la destruction, compliquent la tâche des enquêteurs. Enfin, la coopération internationale, essentielle pour la poursuite des criminels de guerre, se heurte parfois à des résistances politiques, rendant difficile l'extradition ou l'arrestation des suspects.

Le deuxième ensemble de défis réside dans les tensions entre justice et diplomatie. En période de conflit, des négociations de paix peuvent impliquer des criminels de guerre, ce qui soulève la question de savoir dans quelle mesure la justice peut être mise de côté pour favoriser la stabilité politique. Le dilemme des amnisties, qui sont parfois accordées pour encourager la réconciliation nationale, ajoute une couche supplémentaire de complexité, car elles peuvent compromettre les efforts de justice tout en cherchant à apaiser les tensions internes.

Enfin, la partie se penche sur les nouveaux enjeux juridiques. Les crimes commis par des acteurs non étatiques, tels que les groupes armés ou les mercenaires, soulèvent des questions sur la responsabilité pénale et la compétence des juridictions internationales. De même, la guerre cybernétique, avec ses implications pour le droit international humanitaire, représente un défi majeur pour le cadre juridique existant. Enfin, l'usage croissant des technologies, comme les drones et l'intelligence artificielle, pour documenter les crimes de guerre ouvre de nouvelles perspectives, mais aussi de nouvelles questions sur la collecte et l'utilisation des preuves dans les procès internationaux.

Dans l'ensemble, cette partie met en lumière les défis juridiques complexes et interconnectés qui rendent la lutte contre les crimes de guerre à la fois urgente et difficile, nécessitant une coopération internationale renforcée, une adaptation du droit aux nouvelles réalités des conflits, et un équilibre délicat entre justice et diplomatie.

1. Les obstacles à la poursuite des criminels de guerre

Les principaux obstacles rencontrés dans la poursuite des criminels de guerre sont nombreux. L'un des obstacles majeurs est l'immunité des chefs d'État et des hauts responsables, qui, en raison de leur statut, peuvent échapper à la justice internationale. Cette immunité, parfois protégée par des accords diplomatiques ou des principes de souveraineté, complique les efforts pour tenir les responsables politiques et militaires à rendre des comptes.

Un autre défi majeur réside dans les difficultés liées à la collecte de preuves dans les zones de conflit. Les environnements de guerre, souvent marqués par l'insécurité, la destruction d'infrastructures et l'accès limité aux sites de crimes, rendent la collecte de preuves indispensable pour les enquêtes extrêmement complexe. Cela compromet la capacité des autorités nationales et internationales à documenter les crimes et à garantir des procès équitables.

Enfin, la coopération internationale, essentielle pour poursuivre les criminels de guerre, se heurte fréquemment à des problèmes politiques. Les États peuvent hésiter à coopérer en raison d'intérêts géopolitiques, de pressions internes ou de la crainte de nuire à leurs relations internationales. Ces obstacles compliquent l'extradition des suspects et la mise en œuvre des mandats d'arrêt internationaux, freinant ainsi les efforts pour traduire en justice les auteurs de crimes de guerre.

- Immunité des chefs d'État et des hauts responsables.

L'immunité des chefs d'État et des hauts responsables est l'un des obstacles les plus complexes à la poursuite des criminels de guerre et des violations graves du droit international. Historiquement, les chefs d'État et autres hauts responsables jouissaient d'une forme d'immunité en raison de leur statut, ce qui les exemptait, dans une large mesure, de poursuites judiciaires nationales et internationales. Cette immunité est fondée sur des principes de souveraineté et de respect de l'indépendance des États, mais elle a été mise en question et redéfinie par les évolutions du droit international, notamment en ce qui concerne les crimes internationaux graves.

L'immunité en droit international traditionnel

Traditionnellement, l'immunité des chefs d'État et des hauts responsables était protégée par le droit international coutumier, qui stipule que les dirigeants d'un État ne peuvent être jugés par des tribunaux étrangers sans leur consentement. Cette immunité est fondée sur la souveraineté des États, qui implique que les actes commis par un chef d'État dans l'exercice de ses fonctions sont protégés par cette souveraineté. Cette règle a été largement acceptée par la communauté internationale pendant des siècles, ce qui a permis à de nombreux dirigeants de commettre des abus de pouvoir sans craindre d'être traduits en justice.

L'évolution du droit international : exceptions à l'immunité

L'évolution du droit international, en particulier après la Seconde Guerre mondiale, a conduit à une remise en cause de cette immunité pour les crimes internationaux les plus graves. Les procès de Nuremberg (1945-1946) ont marqué un tournant important dans cette évolution. Bien que les principaux responsables nazis aient été jugés par un tribunal international, ces procès ont établi un précédent important : les dirigeants politiques et militaires peuvent être tenus responsables de crimes de guerre, de crimes contre l'humanité et de génocide, même s'ils occupent des fonctions de haut rang. Le principe qui en découle est que certains crimes, notamment ceux qui touchent à la sécurité internationale et aux droits humains fondamentaux, ne bénéficient pas de l'immunité.

L'Article 27 du Statut de Rome de la Cour pénale internationale (CPI), qui est entré en vigueur en 2002, illustre cette évolution. Il stipule que l'immunité officielle d'un chef d'État ou d'un autre responsable ne l'exonère pas de sa responsabilité pénale devant la CPI. Ce principe a été confirmé par des décisions judiciaires, qui ont mis en lumière que les dirigeants, indépendamment de leur statut, ne peuvent échapper à la justice pour des crimes graves. Ainsi, la CPI, en tant que juridiction permanente, a joué un rôle clé dans la redéfinition des limites de l'immunité en matière de crimes internationaux.

Plusieurs affaires récentes ont illustré la remise en cause de l'immunité des chefs d'État et des hauts responsables. L'un des exemples les plus célèbres est celui de l'arrestation de l'ancien président du Soudan, Omar al-Bashir. En 2009, la CPI a émis un mandat d'arrêt à son encontre pour des accusations de génocide, de crimes de guerre et de crimes contre l'humanité commis au Darfour. Bien qu'al-Bashir ait bénéficié de l'immunité en tant que chef d'État, la CPI a affirmé que cette immunité ne s'appliquait pas aux crimes internationaux graves, ce qui a conduit à une tension diplomatique entre la CPI et plusieurs États qui refusaient d'arrêter le président soudanais. En dépit de l'absence d'une arrestation internationale, cette affaire a renforcé l'idée que l'immunité des chefs d'État ne protège pas les responsables de crimes de guerre et de violations des droits de l'homme.

Un autre exemple pertinent est celui de l'arrestation de l'ex-président de la Côte d'Ivoire, Laurent Gbagbo. Après la crise post-électorale de 2010-2011, Gbagbo a été accusé de crimes contre l'humanité par la CPI. Bien qu'il ait été un chef d'État, l'immunité ne l'a pas protégé de poursuites pour des actes commis pendant son mandat. Gbagbo a été arrêté et transféré à La Haye pour être jugé, illustrant la tendance croissante à ne pas accorder d'immunité pour les crimes internationaux graves, même lorsque les suspects sont des dirigeants en fonction.

Les limites de l'immunité et les résistances politiques

Cependant, bien que l'immunité des chefs d'État et des hauts responsables soit de plus en plus remise en cause, des résistances persistent. Plusieurs États continuent de refuser de coopérer avec la CPI, invoquant des principes de souveraineté nationale ou des considérations politiques. Le cas d'Omar al-Bashir est un exemple de résistance internationale, où des États, en particulier en Afrique, ont refusé de livrer le président soudanais, malgré l'exécution d'un mandat d'arrêt international. Ces refus de coopération mettent en lumière les limites pratiques de la mise en œuvre de la justice internationale et la difficulté de garantir que tous les responsables de crimes de guerre soient jugés.

De plus, certains pays considèrent que l'immunité des chefs d'État est essentielle pour maintenir l'ordre international et éviter la politisation de la justice. Ils craignent que la poursuite des dirigeants politiques par des juridictions internationales ne soit utilisée à des fins de vengeance politique ou de déstabilisation. Ces arguments soulignent les tensions qui existent entre l'impératif de justice internationale et les préoccupations diplomatiques et politiques des États.

En conclusion, l'immunité des chefs d'État et des hauts responsables a été un principe fondamental du droit international pendant des siècles, mais il a évolué sous l'impact de la justice internationale. Le Statut de Rome de la CPI et les décisions judiciaires qui en découlent ont établi que les dirigeants, indépendamment de leur statut, peuvent être tenus responsables de crimes internationaux graves. Cependant, la mise en œuvre de cette exception à l'immunité reste complexe, car elle se heurte à des résistances politiques et à des difficultés de coopération internationale. Néanmoins, ces évolutions marquent une avancée significative dans la lutte contre l'impunité et le renforcement de la justice internationale pour les crimes de guerre et les violations des droits de l'homme.

- Difficultés liées à la collecte de preuves dans les zones de conflit.

La collecte de preuves dans les zones de conflit représente un défi majeur dans la lutte contre les crimes de guerre et les violations graves des droits humains. Les conditions de guerre, l'insécurité et la destruction massive d'infrastructures compliquent considérablement les efforts visant à documenter les crimes et à garantir des poursuites judiciaires. Plusieurs facteurs contribuent à ces difficultés, et il est essentiel de comprendre les obstacles juridiques, logistiques et pratiques qui entravent la collecte de preuves dans ces contextes extrêmes.

L'impact de l'insécurité et de l'accès limité

L'un des principaux obstacles à la collecte de preuves dans les zones de conflit est l'insécurité persistante. Les conflits armés sont souvent marqués par une violence intense, une instabilité politique et une absence de contrôle sur certaines zones géographiques. Les zones de guerre sont fréquemment dominées par des groupes armés ou des forces en présence qui peuvent empêcher l'accès des enquêteurs et des observateurs internationaux. Les organisations humanitaires et les équipes de recherche judiciaire sont souvent confrontées à des risques de sécurité lorsqu'elles tentent d'entrer dans des zones où les combats font rage ou où les groupes armés contrôlent les régions.

L'insécurité affecte également la capacité des témoins à se déplacer et à fournir des témoignages. Dans des environnements aussi dangereux, les civils peuvent être intimidés, menacés ou tués pour avoir osé témoigner des crimes commis par des belligérants. De plus, les déplacements massifs de populations, souvent dus aux attaques ou aux menaces de violence, rendent difficile la localisation des victimes et des témoins. Dans de telles conditions, il est pratiquement impossible pour les enquêteurs de recueillir des preuves matérielles, des témoignages ou des documents fiables.

La destruction des preuves

Un autre défi majeur dans les zones de conflit est la destruction délibérée des preuves. Les parties au conflit, qu'il s'agisse de forces gouvernementales ou de groupes armés, ont souvent recours à des stratégies de "nettoyage" pour effacer les traces de leurs crimes. Cela peut inclure la destruction de documents, la manipulation de scènes de crime, l'incendie de villages ou de bâtiments, ainsi que la dissimulation de fosses communes. Cette destruction délibérée vise à rendre plus difficile la tâche des enquêteurs et à empêcher que les responsables de crimes de guerre soient traduits en justice.

Les destructions peuvent également concerner les infrastructures essentielles à la collecte de preuves, telles que les hôpitaux, les écoles et les centres de documentation. Les attaques ciblées contre des installations civiles, qui sont interdites par le droit international humanitaire (DIH), peuvent avoir pour effet de détruire des éléments clés permettant de prouver des crimes, comme les registres médicaux ou les témoignages de victimes.

Les défis liés à la documentation des crimes

Dans les zones de conflit, la documentation des crimes est souvent entravée par le manque d'infrastructures adéquates et la difficulté d'accès aux technologies nécessaires. Les enquêteurs et les organisations internationales, comme la Cour pénale internationale (CPI) ou les commissions d'enquête des Nations unies, dépendent de ressources matérielles et humaines limitées pour recueillir et préserver des preuves. Les conditions de guerre, la destruction des infrastructures et l'absence de moyens logistiques adéquats compliquent considérablement cette tâche.

La collecte de preuves dans les zones de conflit repose souvent sur des témoignages, des photos, des vidéos et des rapports d'organisations non gouvernementales (ONG) ou d'agences humanitaires. Cependant, ces types de preuves peuvent être difficiles à authentifier en raison des risques de manipulation ou de falsification, en particulier lorsque les témoins ou les auteurs de crimes sont sous pression ou menacés. Les images et les vidéos, bien qu'elles soient des éléments précieux de preuve, peuvent être manipulées, montées ou utilisées hors de leur contexte, ce qui complique leur vérification et leur admissibilité devant les tribunaux.

Le rôle des technologies dans la collecte de preuves

Les avancées technologiques ont permis de surmonter certains des défis liés à la collecte de preuves dans les zones de conflit. L'utilisation de drones, de satellites et de technologies de cartographie a facilité la documentation des crimes de guerre, notamment en ce qui concerne la destruction de villages, les attaques aériennes ou les déplacements massifs de populations. Ces technologies permettent de recueillir des preuves visuelles et géospatiales qui peuvent être utilisées pour corroborer des témoignages ou des rapports sur le terrain.

De plus, l'usage des médias sociaux a permis à des témoins de partager des vidéos, des photos et des informations en temps réel, offrant ainsi aux enquêteurs un accès direct à des éléments de preuve. Toutefois, cette forme de documentation présente aussi des risques, notamment en termes de fiabilité et d'authenticité. Les preuves recueillies via des plateformes numériques peuvent être manipulées, et il est souvent difficile de vérifier leur provenance.

Les instruments juridiques et la collecte de preuves

Le droit international, en particulier le droit international humanitaire, impose des obligations aux parties au conflit en matière de traitement des preuves et des victimes. L'Article 18 des Conventions de Genève de 1949 et les Protocoles additionnels, notamment l'Article 8 du Protocole additionnel I, prévoient que les parties au conflit doivent garantir la protection des victimes et des témoins, ainsi que l'accès humanitaire aux zones de conflit. Cependant, ces principes sont souvent ignorés dans la réalité des conflits armés.

Les juridictions internationales, telles que la CPI, ont également des règles strictes concernant la collecte et l'admissibilité des preuves. Le Règlement de procédure et de preuve de la CPI (Articles 64-67) définit des critères spécifiques pour la collecte, la préservation et l'admissibilité des preuves, afin d'assurer que celles-ci soient recueillies de manière légale et qu'elles respectent les droits des accusés et des victimes. Cependant, en raison des conditions extrêmes dans les zones de conflit, il est souvent difficile de garantir que ces normes soient respectées.

La collecte de preuves dans les zones de conflit reste l'un des défis les plus complexes et urgents dans la lutte contre les crimes de guerre. Les difficultés liées à l'insécurité, à la destruction des preuves, à la documentation des crimes et aux limitations technologiques sont des obstacles majeurs qui entravent les efforts pour rendre justice. Cependant, malgré ces défis, des progrès sont réalisés grâce à l'usage de nouvelles technologies et à la coopération internationale. Le droit international continue d'évoluer pour s'adapter à ces défis, mais il est nécessaire que la communauté internationale soutienne les efforts de collecte de preuves dans ces zones de guerre afin de garantir que les responsables de crimes de guerre soient traduits en justice.

- Problèmes de coopération internationale.

La coopération internationale est un élément essentiel dans la lutte contre les crimes de guerre, les crimes contre l'humanité, le génocide et autres violations graves du droit international humanitaire (DIH). Cependant, cette coopération rencontre souvent de nombreux obstacles, tant sur le plan politique que juridique. Les défis liés à la coopération internationale peuvent entraver l'efficacité des enquêtes, des poursuites et de la justice pénale internationale. Ces problèmes se manifestent dans plusieurs domaines, allant de la coopération entre États pour l'extradition de criminels de guerre, à la mise en œuvre des mandats d'arrêt internationaux, en passant par les divergences d'intérêts politiques.

L'absence de volonté politique

L'un des principaux problèmes de la coopération internationale dans la lutte contre les crimes de guerre est l'absence de volonté politique de la part de certains États. En effet, bien que le droit international impose des obligations de coopération, notamment par le biais de traités comme le Statut de Rome de la Cour pénale internationale (CPI), la mise en œuvre de ces obligations dépend largement de la volonté des États à collaborer. Les États peuvent, pour diverses raisons politiques, refuser de coopérer avec des juridictions internationales telles que la CPI.

Un exemple flagrant de ce problème est le cas d'Omar al-Bashir, l'ex-président du Soudan, contre lequel la CPI a émis un mandat d'arrêt pour génocide, crimes de guerre et crimes contre l'humanité commis au Darfour. Malgré ce mandat d'arrêt, de nombreux États, en particulier en Afrique, ont refusé d'arrêter al-Bashir, invoquant des raisons de souveraineté nationale et de solidarité régionale. Cela a mis en lumière les tensions entre les exigences de justice internationale et les considérations diplomatiques ou géopolitiques des États, ce qui a entravé l'efficacité de la coopération internationale dans ce cas.

De plus, certains États membres de l'ONU ou même de la CPI, en raison de leurs intérêts politiques ou économiques, peuvent choisir de ne pas coopérer avec la justice internationale, par exemple en n'extradant pas des suspects ou en refusant de fournir des informations importantes pour les enquêtes. Cette réticence à coopérer est particulièrement évidente lorsque des dirigeants ou des responsables militaires puissants sont impliqués, car la coopération internationale pourrait nuire à leurs relations bilatérales avec ces dirigeants ou à leurs propres intérêts stratégiques.

Le principe de souveraineté nationale

Un autre problème majeur réside dans le principe de souveraineté nationale, qui est au cœur des relations internationales. Ce principe stipule que chaque État est souverain et a le droit de gérer ses affaires intérieures sans ingérence extérieure. Lorsqu'il s'agit de la poursuite des criminels de guerre ou des violations graves du droit international, certains États invoquent leur souveraineté pour justifier leur refus de coopérer avec des juridictions internationales. Cela se traduit par un manque de coopération dans des domaines tels que l'extradition des suspects, la fourniture de preuves ou l'accès aux témoins.

Le refus d'extrader des criminels de guerre est un exemple classique de l'application de ce principe. De nombreux États considèrent que l'extradition d'un ressortissant national vers un tribunal international, comme la CPI, constitue une violation de leur souveraineté. Ce problème est d'autant plus complexe lorsque les autorités nationales sont elles-mêmes accusées de crimes graves, car les gouvernements peuvent être réticents à coopérer de peur que la justice internationale ne les implique également. Ce phénomène est particulièrement visible dans les situations où les crimes sont commis par des dirigeants ou des responsables de haut rang qui bénéficient de l'immunité en raison de leur position.

Les divergences géopolitiques et régionales

Les divergences géopolitiques et régionales jouent également un rôle important dans les problèmes de coopération internationale. Les États peuvent être influencés par des considérations politiques, économiques ou diplomatiques qui les poussent à refuser de coopérer avec des juridictions internationales. Par exemple, dans le contexte des crimes commis en Afrique, certains pays ont critiqué la CPI pour ce qu'ils perçoivent comme une concentration disproportionnée sur les dirigeants africains. Cette perception a conduit à des tensions au sein de l'Union africaine (UA), qui a parfois adopté une position hostile à l'égard de la CPI, arguant que l'institution était biaisée et qu'elle ciblait injustement les dirigeants africains.

De plus, les grandes puissances mondiales, comme les États-Unis, la Chine ou la Russie, n'ont pas ratifié le Statut de Rome, ce qui limite leur coopération avec la CPI. Les États-Unis, en particulier, ont exprimé leur opposition à la CPI, notamment après la décision de la Cour d'enquêter sur les actions militaires américaines en Afghanistan. Cette réticence à coopérer avec la CPI, ou à soutenir ses enquêtes, reflète des considérations géopolitiques et des préoccupations sur la souveraineté nationale. Ces divergences géopolitiques et régionales peuvent sérieusement affaiblir l'efficacité de la justice internationale et rendre difficile la mise en œuvre des décisions de la CPI.

Les problèmes liés aux mandats d'arrêt internationaux

Un autre défi majeur de la coopération internationale réside dans l'exécution des mandats d'arrêt internationaux émis par la CPI ou d'autres tribunaux internationaux. Les mandats d'arrêt sont souvent difficiles à mettre en œuvre en raison de la résistance de certains États à arrêter des suspects, en particulier lorsqu'il s'agit de dirigeants ou de responsables politiques de haut niveau. Les mandats d'arrêt peuvent également être ignorés ou non exécutés en raison de l'absence de coopération entre les autorités nationales et les juridictions internationales.

Dans certains cas, des États ont refusé de coopérer avec la CPI en invoquant des raisons de sécurité nationale ou des préoccupations relatives aux droits de l'homme des suspects. Par exemple, certains pays refusent de remettre des suspects en raison de la crainte qu'ils ne bénéficient pas d'un procès équitable ou qu'ils soient soumis à des conditions de détention inhumaines. D'autres États peuvent simplement refuser de reconnaître l'autorité de la CPI, considérant que la Cour n'a pas compétence sur leurs ressortissants ou sur les crimes commis sur leur territoire.

Les efforts pour améliorer la coopération

Malgré ces défis, des efforts ont été déployés pour améliorer la coopération internationale dans la lutte contre les crimes de guerre. Le Statut de Rome de la CPI, qui a été signé par 123 États, impose des obligations de coopération, telles que l'extradition des suspects et la fourniture de preuves. Cependant, ces efforts sont souvent freinés par les obstacles politiques et juridiques mentionnés précédemment. L'un des moyens pour surmonter ces obstacles est de renforcer les mécanismes de coopération régionale, comme ceux mis en place par l'Union européenne ou par des organisations régionales africaines, qui peuvent faciliter l'extradition et la coopération en matière de justice pénale internationale.

En outre, les négociations diplomatiques et les pressions exercées par la communauté internationale, y compris par les

Nations unies et les grandes puissances, peuvent jouer un rôle important dans la promotion de la coopération. L'adoption de résolutions du Conseil de sécurité de l'ONU, qui impose des sanctions aux États qui refusent de coopérer, peut également être un moyen d'encourager la coopération avec les tribunaux internationaux.

Les problèmes de coopération internationale dans la lutte contre les crimes de guerre et les violations graves du droit international humanitaire sont multiples et complexes. L'absence de volonté politique, les divergences géopolitiques, les préoccupations liées à la souveraineté nationale et les difficultés pratiques liées à l'exécution des mandats d'arrêt sont autant d'obstacles qui entravent l'efficacité de la justice internationale. Cependant, malgré ces défis, des progrès ont été réalisés, et la coopération internationale demeure un élément clé pour garantir que les criminels de guerre soient traduits en justice et que les victimes de violations graves du droit international humanitaire obtiennent réparation

2. **Les tensions entre justice et diplomatie**

Les tensions entre justice et diplomatie représentent sont l'un des obstacles majeurs dans la lutte contre les crimes de guerre et la reconstruction post-conflit. D'un côté, la justice internationale cherche à traduire en justice les responsables des violations graves du droit international, tandis que, de l'autre, la diplomatie œuvre souvent à la résolution des conflits en privilégiant des compromis politiques, parfois au détriment de la justice. Ces tensions se manifestent particulièrement dans le cadre des négociations de paix, où les criminels de guerre peuvent être impliqués dans les discussions, et dans le recours aux amnisties, qui peuvent être perçues comme une manière de favoriser la réconciliation nationale au détriment de la responsabilité pénale. Ces dilemmes soulignent la difficulté de concilier la nécessité de rendre justice avec les impératifs politiques de stabilité et de paix.

- Les négociations de paix impliquant des criminels de guerre.

Les négociations de paix impliquant des criminels de guerre soulèvent des questions complexes qui mettent en lumière les tensions entre la justice pénale et les objectifs diplomatiques. Lorsque des conflits armés se terminent, souvent par des accords de paix, les négociations sont essentielles pour instaurer une stabilité durable et prévenir la reprise des hostilités. Cependant, ces négociations impliquent fréquemment des acteurs responsables de graves violations des droits humains, y compris des crimes de guerre, des crimes contre l'humanité ou des génocides. Les discussions de paix peuvent, dans certains cas, offrir une amnistie ou une impunité aux auteurs de ces crimes, afin de garantir leur coopération et favoriser la réconciliation nationale. Ce compromis entre justice et diplomatie soulève des questions éthiques et juridiques importantes.

Le rôle des criminels de guerre dans les négociations de paix

Les criminels de guerre, souvent des dirigeants politiques, des chefs militaires ou des responsables de groupes armés, peuvent jouer un rôle central dans les négociations de paix. Dans certains cas, leur implication est perçue comme nécessaire pour parvenir à un cessez-le-feu ou à un accord politique. En effet, ces individus détiennent souvent un pouvoir militaire ou politique important et peuvent être les seuls à pouvoir faire respecter un accord de paix sur le terrain. Dans de telles situations, la communauté internationale et les médiateurs des négociations peuvent se retrouver dans une position délicate, où la nécessité d'une paix durable entre en conflit avec l'exigence de rendre justice pour les crimes commis pendant le conflit.

Un exemple marquant de ce phénomène est celui des négociations de paix en Colombie avec les Forces armées révolutionnaires de Colombie (FARC). Pendant des décennies, les FARC ont été responsables de nombreuses violations des droits humains, y compris des massacres, des enlèvements et des violences sexuelles. Cependant, lors des négociations de paix en 2016, l'accord final a inclus des dispositions permettant aux membres des FARC, y compris ceux impliqués dans des crimes de guerre, de bénéficier d'une amnistie partielle en échange de leur démobilisation et de leur coopération dans la restitution des victimes. Cet accord a été critiqué par certains pour avoir accordé une forme d'impunité à ceux qui avaient commis des crimes graves, tout en étant défendu par d'autres comme étant nécessaire pour garantir la fin du conflit et la réconciliation nationale.

L'exemple du Rwanda et des négociations post-génocide

Le cas du Rwanda, après le génocide de 1994, illustre également les défis des négociations de paix impliquant des criminels de guerre. Après la fin du génocide, le gouvernement rwandais, dirigé par le Front patriotique rwandais (FPR), a dû négocier avec les membres du gouvernement intérimaire, responsables du génocide, qui avaient pris la fuite et se trouvaient dans les pays voisins. Bien que des accords aient été nécessaires pour mettre fin à la violence et permettre le retour des réfugiés, la question de la justice pour les responsables du génocide est restée au centre des préoccupations. La communauté internationale a mis en place le Tribunal pénal international pour le Rwanda (TPIR), mais au Rwanda, les autorités ont également opté pour un système de justice communautaire, les *Gacaca*, pour juger les responsables de manière plus rapide et proche des victimes.

Ce processus a permis de juger des milliers de personnes, mais a également suscité des critiques sur la manière dont certains responsables de haut niveau ont échappé à des poursuites internationales. De nombreux criminels de guerre ont été exclus des négociations de paix et des amnisties, mais certains ont bénéficié de conditions de réconciliation qui ont permis leur retour dans la société. Les tensions entre la nécessité de rendre justice et la volonté de promouvoir une réconciliation nationale ont marqué cette période de transition.

Le cas de la Sierra Leone et des négociations avec les responsables des crimes de guerre

Un autre exemple pertinent est celui de la Sierra Leone, où la fin de la guerre civile en 2002 a été marquée par des négociations de paix entre le gouvernement et les rebelles du Front révolutionnaire uni (RUF), responsables de terribles crimes de guerre, notamment des massacres, des amputations et des viols systématiques. Lors des négociations, des compromis ont été faits pour permettre aux dirigeants du RUF, y compris ceux accusés de crimes de guerre, de participer au processus de paix.

Cependant, ces négociations ont également été accompagnées de la mise en place d'un tribunal hybride, le Tribunal spécial pour la Sierra Leone (TSSL), soutenu par les Nations unies. Ce tribunal a jugé plusieurs des principaux responsables des crimes de guerre, y compris l'ex-président Charles Taylor du

Libéria, qui a été condamné en 2012 pour son rôle dans le soutien au RUF. Bien que le TSSL ait permis de rendre justice, les négociations de paix ont conduit à des compromis, et certains membres du RUF ont échappé à des poursuites immédiates en échange de leur participation à l'accord de paix.

Les critiques et les justifications des compromis

Les négociations de paix impliquant des criminels de guerre soulèvent des critiques sur le plan moral et juridique. D'un côté, certains estiment que les compromis réalisés pendant les négociations sont nécessaires pour mettre fin à des conflits prolongés et éviter des souffrances supplémentaires. La réconciliation nationale et la stabilité peuvent être considérées comme des priorités, et la participation des criminels de guerre aux négociations peut être vue comme un moyen de garantir une paix durable. De plus, dans certains cas, les criminels de guerre sont les seuls à pouvoir garantir la mise en œuvre des accords sur le terrain.

D'un autre côté, ces compromis sont souvent perçus comme une forme d'impunité, qui permet à ceux qui ont commis des atrocités de continuer à jouer un rôle dans la politique du pays, sans être tenus responsables de leurs actes. Cela peut alimenter un sentiment d'injustice parmi les victimes et leurs familles, et compromettre la crédibilité du processus de paix. Les négociations de paix qui accordent une amnistie ou une impunité aux criminels de guerre peuvent aussi avoir des effets négatifs à long terme, en affaiblissant la dissuasion contre les crimes futurs et en envoyant le message que la violence peut être utilisée comme un moyen légitime d'obtenir des concessions politiques.

Les négociations de paix impliquant des criminels de guerre sont un domaine où les objectifs de justice et de diplomatie se heurtent souvent. Les compromis faits pour parvenir à la paix peuvent offrir une forme d'amnistie ou de protection aux responsables des crimes, ce qui soulève des questions sur la légitimité de ces accords et sur les droits des victimes. Bien que ces négociations puissent être nécessaires pour mettre fin à des conflits sanglants, elles doivent être accompagnées de mécanismes de justice qui permettent de rendre compte des atrocités commises, tout en facilitant la réconciliation nationale. La recherche d'un équilibre entre justice et paix demeure l'un des plus grands défis dans la résolution des conflits contemporains.

- Le dilemme des amnisties pour favoriser la réconciliation nationale.

Le dilemme des amnisties pour favoriser la réconciliation nationale est un enjeu complexe qui touche directement la question de la justice post-conflit. Lorsqu'un pays sort d'un conflit armé, d'une guerre civile ou d'un génocide, la réconciliation entre les différentes parties en présence devient une priorité essentielle pour assurer la stabilité et la paix à long terme. Toutefois, cette réconciliation est souvent entravée par la nécessité de rendre justice aux victimes des crimes commis pendant le conflit. Dans ce contexte, les amnisties, qui sont des mesures visant à accorder une forme d'impunité aux auteurs de crimes graves, sont parfois envisagées comme un moyen d'assurer la paix, mais elles soulèvent des questions éthiques et juridiques sur la justice et la responsabilité.

L'amnistie comme outil de réconciliation

L'amnistie, en tant que mécanisme juridique, est parfois utilisée comme un outil pour favoriser la réconciliation nationale. Dans des sociétés profondément divisées par un conflit, l'accord sur une amnistie peut permettre de mettre fin à la violence, d'encourager les belligérants à déposer les armes, et d'éviter des représailles qui pourraient prolonger la souffrance des populations civiles. Ce choix est souvent motivé par la crainte que des poursuites judiciaires massives contre les responsables des crimes de guerre, des crimes contre l'humanité ou du génocide ne compromettent la reconstruction de la société et ne ravivent les tensions entre les différentes factions. L'objectif est de créer un environnement propice à la réconciliation, où la paix et la reconstruction passent avant la justice punitive.

Un exemple classique de cette approche est celui du processus de paix en Afrique du Sud après la fin de l'apartheid. Le pays a mis en place une Commission Vérité et Réconciliation (CVR) pour permettre aux victimes de raconter leur histoire et aux auteurs de crimes de témoigner sans être poursuivis, dans la mesure où ils apportaient une pleine collaboration avec la commission. L'objectif était de promouvoir la guérison collective, en mettant l'accent sur la vérité et la réconciliation, plutôt que sur des poursuites judiciaires. Bien que ce processus ait permis d'éviter une violence généralisée après la fin du régime de l'apartheid, il a aussi été critiqué pour n'avoir pas rendu justice à toutes les victimes, notamment celles des crimes commis par des responsables du régime de l'apartheid.

L'Allemagne et la question des nazis après la Seconde Guerre mondiale

Un exemple historique particulièrement pertinent du dilemme des amnisties est celui de l'Allemagne après la Seconde Guerre mondiale. À la fin de la guerre, l'Allemagne nazie était un État dévasté, avec des millions de personnes tuées ou déplacées, des villes et des infrastructures détruites, et une société profondément marquée par l'idéologie nazie. Les Alliés ont mis en place un processus de dénazification pour éliminer l'influence nazie du gouvernement, des institutions publiques et de la société allemande. Cependant, il est rapidement devenu évident qu'une épuration totale de la société allemande des nazis responsables de crimes de guerre et d'atrocités aurait été irréalisable, car cela aurait impliqué de poursuivre et de juger une proportion énorme de la population allemande, y compris des soldats, des fonctionnaires et des civils qui avaient participé à la machine de guerre nazie, souvent sous la contrainte ou par adhésion idéologique.

Les procès de Nuremberg, qui ont jugé les principaux responsables du régime nazi, ont été une première étape importante pour rendre justice. Cependant, à mesure que les années passaient, il est devenu clair que la dénazification totale aurait conduit à un vide politique et administratif en Allemagne, car de nombreux anciens nazis occupaient des postes clés dans l'administration, l'armée et l'industrie. Face à cette situation, les autorités alliées ont dû assouplir leurs politiques de dénazification et permettre à de nombreux anciens nazis de réintégrer la vie publique, dans l'intérêt de la reconstruction du pays. Cela a conduit à un débat complexe sur la nécessité de réconcilier la justice pour les crimes nazis et la nécessité de reconstruire un État fonctionnel.

En effet, si l'Allemagne avait tenté de poursuivre tous les responsables des atrocités nazies, il est probable que le pays n'aurait pas été capable de se reconstruire rapidement et d'assurer une transition pacifique vers une société démocratique. Le pays aurait été plongé dans un chaos administratif et politique, avec peu de ressources humaines pour gérer la reconstruction. Par conséquent, bien que certains nazis aient été jugés et condamnés, d'autres ont bénéficié d'un certain degré d'amnistie ou de non-poursuites, ce qui a permis de maintenir une certaine stabilité sociale et politique. Cette situation a alimenté un débat sur la justice et l'impunité, car de nombreux Allemands ont estimé que l'absence de poursuites pour tous les responsables des crimes de guerre a constitué une forme d'injustice pour les victimes, notamment les survivants de l'Holocauste.

Le cas de l'Indonésie et de l'Indochine

Un autre exemple de l'utilisation des amnisties pour favoriser la réconciliation nationale se trouve en Indonésie après la chute du régime de Suharto en 1998. Le pays a été secoué par des violences politiques et des violations des droits humains pendant les décennies de dictature militaire, notamment en ce qui concerne les massacres des années 1960, où des centaines de milliers de personnes ont été tuées en raison de leur affiliation communiste présumée. Après la chute du régime, des appels ont été lancés pour enquêter sur ces crimes et juger les responsables. Cependant, le processus de réconciliation a été complexe, et le gouvernement indonésien a opté pour une politique d'amnistie et de réconciliation nationale, plutôt que de poursuivre massivement les responsables. Cette approche a été perçue comme une manière d'éviter de déstabiliser davantage le pays, tout en permettant un certain degré de justice réparatrice, mais sans juger tous les responsables.

Le dilemme moral et juridique

Le dilemme des amnisties pour favoriser la réconciliation nationale repose sur un équilibre délicat entre la nécessité de rendre justice et la nécessité de garantir la paix. D'un côté, les amnisties peuvent être vues comme un compromis pragmatique, qui permet de maintenir la stabilité et de favoriser la réconciliation entre les différentes factions d'un pays après un conflit. Elles peuvent aussi permettre de mettre fin à des cycles de violence et de vengeance, en créant un espace pour la guérison collective. De l'autre, ces amnisties sont souvent perçues comme une forme d'impunité, qui permet aux responsables de crimes graves d'échapper à la justice et de maintenir leur pouvoir ou leur influence. Les victimes et leurs familles peuvent ressentir une profonde injustice, sachant que les auteurs des crimes qu'elles ont subis ne sont pas tenus responsables de leurs actes.

L'un des plus grands défis est de trouver un équilibre entre la nécessité de la réconciliation et la nécessité de la justice. Les amnisties peuvent parfois être un mal nécessaire pour garantir la paix, mais elles ne doivent pas se faire au détriment des principes fondamentaux de responsabilité et de réparation pour les victimes. Il est essentiel que ces amnisties soient accompagnées de mécanismes de vérité et de réparation, afin de garantir que les victimes soient entendues et que leurs souffrances soient reconnues, même si les responsables ne sont pas toujours jugés.

Le dilemme des amnisties pour favoriser la réconciliation nationale est l'un des défis les plus complexes de la justice post-conflit. Bien que les amnisties puissent être perçues comme un moyen de garantir la paix et de favoriser la reconstruction, elles soulèvent des questions profondes sur la justice, la responsabilité et la réparation. Les exemples historiques, tels que l'Allemagne après la Seconde Guerre mondiale, montrent que la recherche d'un équilibre entre la justice et la réconciliation est un processus complexe, où les choix faits ont des conséquences profondes sur la société et sur la mémoire collective des peuples.

3. **Les nouveaux enjeux juridiques**

Les nouveaux enjeux juridiques dans la lutte contre les crimes de guerre sont liés à l'évolution des acteurs, des méthodes de guerre et des technologies.

Les crimes commis par des acteurs non étatiques, comme les groupes armés ou les mercenaires, compliquent l'application du droit international humanitaire (DIH). Bien que les Conventions de Genève reconnaissent leur responsabilité, leur statut non étatique rend leur poursuite difficile, notamment dans des cas comme ceux de l'État islamique ou des talibans.

La guerre cybernétique constitue un autre défi majeur. Les cyberattaques peuvent cibler des infrastructures civiles essentielles, mais le DIH n'a pas encore pleinement intégré ces formes de guerre. La définition des règles pour réguler ces attaques reste un enjeu en cours de développement.

Enfin, les technologies comme les drones et l'intelligence artificielle (IA) jouent un rôle clé dans la documentation des crimes. Elles permettent de collecter des preuves via des images ou des données satellitaires, mais soulèvent des questions sur la fiabilité des informations et leur utilisation éthique dans les enquêtes judiciaires. Ces avancées technologiques offrent de nouvelles possibilités, mais aussi des défis en matière de légalité et de protection des droits.

- Les crimes commis par des acteurs non étatiques (groupes armés, mercenaires).

Les crimes commis par des acteurs non étatiques, tels que les groupes armés et les mercenaires, représentent un défi majeur pour le droit international humanitaire (DIH) et la justice pénale internationale. Traditionnellement, le DIH a été conçu pour régir les conflits entre États, en imposant des règles strictes concernant la conduite des hostilités et la protection des civils. Cependant, l'émergence de conflits où des acteurs non étatiques jouent un rôle central a mis en lumière les limites de ce cadre juridique, qui peine à s'adapter à ces nouvelles réalités. Les groupes armés non étatiques, qui incluent des organisations terroristes, des mouvements rebelles ou des groupes de guérilla, sont souvent responsables de violations graves du DIH, notamment des crimes de guerre, des crimes contre l'humanité, et parfois des génocides. L'État islamique (EI) est un exemple emblématique d'un groupe armé non étatique qui a commis de multiples atrocités, notamment des exécutions de masse, des viols systématiques, des persécutions religieuses et ethniques, et des destructions culturelles, comme le pillage et la destruction de sites historiques en Irak et en Syrie. L'ampleur de ces crimes a conduit à une réponse internationale, avec des enquêtes menées par des organisations comme l'ONU et la CPI pour identifier et poursuivre les responsables. Cependant, la nature décentralisée de l'EI et le manque de souveraineté territoriale compliquent la collecte de preuves et la mise en place de poursuites judiciaires.

Les groupes armés non étatiques opèrent souvent dans des zones de conflit où l'État central est faible ou absent, ce qui rend difficile l'application des lois internationales. Par exemple, en République Démocratique du Congo (RDC), des groupes armés comme les Forces Démocratiques de Libération du Rwanda (FDLR) ont été responsables de massacres de civils, de viols et de recrutement forcé d'enfants soldats. Le manque de contrôle de l'État sur ces zones et l'instabilité régionale compliquent les efforts pour traduire les responsables en justice. Bien que le droit international impose des obligations aux groupes armés non étatiques de respecter le DIH, leur statut non étatique les rend souvent invisibles aux yeux des juridictions internationales, qui privilégient les États comme acteurs principaux de la responsabilité.

Les mercenaires, quant à eux, représentent une autre catégorie d'acteurs non étatiques impliqués dans des crimes de guerre. Selon l'Organisation des Nations Unies (ONU), un mercenaire est une personne qui prend part à un conflit armé en raison de la rémunération, plutôt que par allégeance à une cause ou un groupe politique. Les mercenaires ont souvent été utilisés par des régimes ou des entreprises privées pour mener des opérations militaires dans des pays en guerre, souvent avec peu de scrupules concernant les droits humains. Un exemple notable de l'implication de mercenaires dans des crimes de guerre est celui de la société militaire privée Blackwater (rebaptisée plus tard Academi), qui a été impliquée dans l'attaque de Nisour Square en Irak en 2004, où 17 civils irakiens ont été tués. Bien que les responsables aient été jugés aux États-Unis, l'impunité pour les mercenaires opérant dans des zones de conflit reste un problème récurrent.

L'absence de mécanismes juridiques clairs pour traiter des crimes commis par des acteurs non étatiques est un obstacle majeur à la justice internationale. Le droit international, en particulier les Conventions de Genève et leurs protocoles additionnels, impose des obligations aux groupes armés non étatiques, mais leur mise en œuvre est souvent difficile. L'une des raisons réside dans le fait que ces groupes ne sont pas toujours parties aux traités internationaux, ce qui complique leur poursuite en justice. Par exemple, bien que les Conventions de Genève exigent que les combattants se distinguent des civils et qu'ils respectent les principes de distinction, de proportionnalité et de nécessité, ces groupes armés, comme l'EI ou les talibans, rejettent souvent ces principes et ne reconnaissent pas la légitimité des juridictions internationales.

Le défi juridique est d'autant plus complexe lorsque les groupes armés non étatiques sont soutenus par des États, ce qui crée une situation où les responsabilités pénales sont partagées entre les acteurs étatiques et non étatiques. Dans le cas du Darfour, par exemple, le gouvernement soudanais a été accusé de soutenir des groupes armés responsables de crimes de guerre, y compris des massacres de civils, des viols et des déplacements forcés. La Cour pénale internationale (CPI) a émis des mandats d'arrêt contre des responsables soudanais, y compris l'ex-président Omar el-Béchir, mais la poursuite de ces responsables reste compliquée par le soutien de l'État soudanais à ces groupes armés.

Le droit international a progressivement évolué pour traiter ces nouveaux acteurs. En 2001, l'ONU a adopté la Convention internationale contre le recrutement, l'utilisation, l'financement et l'entraînement de mercenaires, qui cherche à interdire l'utilisation de mercenaires dans les conflits armés. Cependant, cette convention reste largement inefficace, en raison de la difficulté à définir précisément ce qu'est un mercenaire et de l'absence de mécanismes de mise en œuvre efficaces.

En résumé, les crimes commis par des acteurs non étatiques, qu'il s'agisse de groupes armés ou de mercenaires, soulèvent des défis importants pour le droit international humanitaire et les efforts de justice internationale. La question de la responsabilité, de la collecte de preuves et de la poursuite des responsables reste complexe, en particulier lorsque ces acteurs échappent aux mécanismes traditionnels de justice. Les exemples de l'État islamique, des groupes armés en République Démocratique du Congo ou des mercenaires en Irak illustrent la difficulté de traduire en justice ces acteurs non étatiques, ce qui exige une adaptation continue du droit international et des pratiques judiciaires pour garantir la protection des civils et la responsabilité des auteurs de crimes graves.

- La guerre cybernétique et ses implications pour le DIH.

La guerre cybernétique, un phénomène en pleine expansion, soulève des défis sans précédent pour le droit international humanitaire (DIH). Cette nouvelle forme de conflit repose sur l'utilisation des technologies de l'information et de la communication pour mener des attaques qui peuvent avoir des conséquences dévastatrices sur les infrastructures critiques, les services publics, et même la vie civile. Alors que le DIH a été conçu pour régir les conflits armés traditionnels, il peine à s'adapter aux réalités de la guerre cybernétique, d'autant plus que celle-ci échappe souvent aux règles classiques de la guerre en raison de son caractère intangible et de la difficulté de distinguer les cibles militaires des civils.

La guerre cybernétique se caractérise par l'utilisation d'outils numériques pour mener des attaques contre des systèmes informatiques, des réseaux de communication, ou des infrastructures essentielles, souvent dans le but de perturber ou de déstabiliser un adversaire. Les cyberattaques peuvent avoir des effets dévastateurs, non seulement en perturbant des services vitaux comme l'approvisionnement en eau ou l'électricité, mais aussi en compromettant la sécurité nationale et la souveraineté d'un État. Les attaques peuvent être menées par des États, des groupes armés non étatiques, des organisations terroristes ou même des acteurs isolés, ce qui rend la guerre cybernétique particulièrement difficile à réguler.

L'une des premières difficultés que rencontre le DIH dans le cadre de la guerre cybernétique est la question de la distinction entre cibles militaires et civiles, un principe fondamental du droit international humanitaire. Selon l'article 48 des Protocoles additionnels aux Conventions de Genève, les parties au conflit doivent distinguer à tout moment entre les civils et les combattants, et entre les biens à usage civil et les objectifs militaires. Cependant, dans le contexte d'une cyberattaque, cette distinction devient floue. Par exemple, une cyberattaque contre un réseau électrique, qui alimente à la fois des installations militaires et civiles, soulève la question de savoir si cette attaque peut être justifiée en tant que cible militaire ou si elle constitue une violation du principe de proportionnalité et de distinction. En 2007, l'Estonie a été victime d'une série de cyberattaques qui ont visé ses infrastructures gouvernementales et financières, perturbant les services publics et les institutions étatiques. Bien que l'attaque ait été attribuée à des acteurs russes, il est resté difficile de déterminer si l'attaque avait pour objectif des installations militaires ou civiles, ce qui complique l'application des principes du DIH.

Un autre principe clé du DIH est celui de la proportionnalité, qui stipule qu'une attaque ne doit pas causer de dommages excessifs par rapport à l'avantage militaire attendu. Dans la guerre cybernétique, l'évaluation de la proportionnalité devient particulièrement complexe. Les attaques informatiques peuvent avoir des effets en cascade, perturbant des systèmes interconnectés de manière imprévisible. Par exemple, une cyberattaque contre une centrale nucléaire pourrait entraîner des conséquences bien plus graves que celles envisagées par l'attaquant, en raison de la propagation des effets de l'attaque à d'autres secteurs vitaux, tels que l'approvisionnement en eau ou la santé publique. En 2010, le virus Stuxnet, qui a visé les installations nucléaires iraniennes, a démontré la capacité des cyberattaques à causer des dommages matériels importants. Bien que l'attaque n'ait pas directement tué de personnes, elle a eu des répercussions graves sur la sécurité nationale et les relations internationales, illustrant les risques de dommages collatéraux imprévus.

Le caractère anonyme des cyberattaques complique également l'attribution des responsabilités, une question essentielle en matière de droit international. Alors que dans un conflit armé traditionnel, il est relativement facile d'attribuer des actions militaires à un État ou à un groupe armé, les cyberattaques peuvent être menées de manière furtive, rendant difficile l'identification de l'agresseur. Cette incertitude empêche souvent les États de répondre de manière appropriée, et dans certains cas, elle conduit à une escalade du conflit. Par exemple, lors des attaques contre l'Ukraine en 2015 et 2016, des cyberattaques ont visé les infrastructures énergétiques du pays, causant des pannes de courant massives. Bien que ces attaques aient été attribuées à des acteurs russes, l'attribution n'a jamais été officiellement confirmée, ce qui a compliqué la réponse internationale.

En outre, la guerre cybernétique soulève des questions sur la protection des infrastructures civiles, qui, selon le DIH, doivent être épargnées des attaques militaires. Les infrastructures critiques, telles que les hôpitaux, les réseaux de communication, et les systèmes financiers, sont essentielles pour le fonctionnement de la société civile. Cependant, dans la guerre cybernétique, ces infrastructures sont souvent vulnérables aux attaques. Le cyberattaque de NotPetya en 2017, qui a frappé l'Ukraine et s'est propagée à d'autres pays, a par exemple paralysé des systèmes informatiques dans des entreprises et des institutions publiques, y compris des hôpitaux et des banques. Bien que l'attaque ait été attribuée à des acteurs russes, il est difficile de qualifier cette attaque de violation du DIH, car la cible réelle n'était pas clairement définie.

Le droit international a reconnu la nécessité d'adapter les règles du DIH pour inclure la guerre cybernétique, mais les discussions à ce sujet sont encore en cours. En 2013, le groupe d'experts gouvernementaux de l'ONU a publié un rapport sur les implications du droit international pour la cybersécurité, dans lequel il a souligné que le droit international, y compris le DIH, s'appliquait également aux cyberattaques. Cependant, il reste des zones d'ombre, notamment en ce qui concerne les critères précis permettant de qualifier une cyberattaque de crime de guerre. Le Comité international de la Croix-Rouge (CICR) a également souligné l'importance de maintenir les principes fondamentaux du DIH, comme la distinction et la proportionnalité, dans le contexte des cyberattaques.

En conclusion, la guerre cybernétique pose des défis considérables pour le droit international humanitaire. La difficulté de distinguer les cibles militaires et civiles, la question de la proportionnalité des attaques, l'anonymat des auteurs et la protection des infrastructures civiles sont autant de questions qui nécessitent une réflexion approfondie et une adaptation du cadre juridique. Bien que des efforts aient été déployés pour intégrer les cyberattaques dans le DIH, il est clair que de nouvelles règles et mécanismes de régulation devront être développés pour faire face à l'évolution rapide de la guerre cybernétique et garantir la protection des civils et la responsabilité des auteurs de ces attaques.

- Le rôle des technologies dans la documentation des crimes (drones, IA).

Les technologies modernes jouent un rôle important dans la documentation des crimes de guerre, offrant de nouvelles possibilités pour collecter, analyser et préserver des preuves dans des situations de conflit. Les drones, l'intelligence artificielle (IA) et d'autres technologies de pointe permettent aux chercheurs, aux journalistes et aux organisations internationales de mieux documenter les violations du droit international humanitaire (DIH) et de faciliter les poursuites judiciaires. Ces technologies offrent des moyens plus efficaces et plus précis pour observer et recueillir des preuves, mais elles soulèvent également des questions éthiques et juridiques complexes, notamment en ce qui concerne la confidentialité, la véracité des données et leur utilisation dans les procédures judiciaires.

L'une des technologies les plus utilisées dans la documentation des crimes de guerre est le drone. Les drones, ou véhicules aériens sans pilote (VASP), sont devenus des outils essentiels pour surveiller les zones de conflit et recueillir des informations sur le terrain. Ils permettent de filmer et de photographier des zones difficiles d'accès, où la sécurité des journalistes ou des enquêteurs humains pourrait être compromise. Par exemple, lors du conflit en Syrie, les drones ont été utilisés par des organisations comme Human Rights Watch (HRW) et Amnesty International pour documenter les attaques aériennes, les bombardements et les destructions d'infrastructures civiles. Grâce à des images et des vidéos de haute résolution, ces organisations ont pu prouver que certaines attaques étaient dirigées contre des hôpitaux, des écoles et des zones résidentielles, en violation des Conventions de Genève.

Un exemple particulièrement marquant de l'utilisation des drones dans la documentation des crimes de guerre a eu lieu pendant la guerre en Ukraine, où des drones ont été utilisés pour capturer des images des destructions massives et des violations des droits humains, comme les exécutions extrajudiciaires et les attaques contre des civils. Des images satellite, prises par des drones commerciaux, ont permis de suivre les déplacements des troupes russes et de documenter les crimes de guerre commis dans des régions comme Bucha, où des centaines de civils ont été tués. Ces images ont été utilisées comme preuves dans des enquêtes menées par la Cour pénale internationale (CPI) et d'autres organisations internationales.

Les drones ne sont pas seulement utilisés pour capturer des images, mais aussi pour collecter des données en temps réel. Par exemple, des drones équipés de capteurs thermiques ou de systèmes de détection peuvent identifier des fosses communes ou localiser des zones où des crimes de guerre ont eu lieu. En 2017, des drones ont été utilisés pour localiser des fosses communes en Irak, liées aux exécutions de masse perpétrées par l'État islamique. Ces données ont été cruciales pour les enquêtes sur les crimes de guerre et ont permis de confirmer des informations obtenues par d'autres moyens.

L'intelligence artificielle (IA) a également un rôle de plus en plus important dans la documentation des crimes de guerre. L'IA peut être utilisée pour analyser de grandes quantités de données provenant de différentes sources, telles que des images satellites, des vidéos, des témoignages et des rapports. Elle permet de traiter rapidement des informations et d'identifier des modèles ou des anomalies qui pourraient autrement passer inaperçus. Par exemple, des algorithmes d'IA peuvent être utilisés pour analyser des images de drones ou de satellites et détecter des signes de destructions massives, comme des bâtiments détruits ou des zones de bombardements. Ces outils peuvent aussi identifier des véhicules militaires ou des mouvements de troupes, ce qui permet de cartographier les attaques et de déterminer si elles sont dirigées contre des cibles militaires ou civiles.

L'IA est également utilisée pour analyser des vidéos et des photos afin de vérifier leur authenticité. Dans le contexte des crimes de guerre, la vérification des preuves est essentielle pour éviter la diffusion de fausses informations ou de propagande. Des entreprises comme Amnesty International ont utilisé des outils d'IA pour vérifier les vidéos de violations des droits humains en analysant des éléments comme les métadonnées, les détails géographiques et les caractéristiques visuelles des images. Par exemple, lors des manifestations en Iran, des outils d'IA ont été utilisés pour vérifier les vidéos montrant des répressions violentes, en comparant les images avec des bases de données de lieux et d'événements connus.

L'IA joue également un rôle dans l'analyse des témoignages. Des outils de traitement du langage naturel peuvent être utilisés pour analyser des milliers de témoignages de victimes ou de témoins de crimes de guerre. Ces technologies permettent de repérer des tendances, des incohérences ou des informations pertinentes dans de vastes ensembles de données textuelles. Cela est particulièrement utile dans des contextes où les victimes de crimes de guerre sont dispersées et où les enquêteurs ont peu de moyens pour recueillir des témoignages en personne.

Un autre domaine où les technologies jouent un rôle important dans la documentation des crimes de guerre est celui de la reconnaissance faciale. Bien que cette technologie soulève des préoccupations en matière de vie privée, elle peut être utilisée pour identifier les responsables des crimes de guerre, en particulier dans des contextes où les auteurs des violations essaient de masquer leur identité. Par exemple, des technologies de reconnaissance faciale ont été utilisées pour identifier les membres de groupes armés responsables de massacres, comme ceux commis en Syrie par des membres de l'État islamique. En associant des photos et des vidéos de ces crimes à des bases de données de visages, les enquêteurs peuvent établir des liens entre les auteurs des crimes et les groupes armés auxquels ils appartiennent.

Malgré les avantages évidents des technologies dans la documentation des crimes de guerre, plusieurs défis et limites doivent être pris en compte. L'un des principaux défis est celui de la fiabilité des données collectées. Bien que les drones et l'IA permettent de recueillir des informations précieuses, ces technologies ne sont pas infaillibles. Par exemple, les drones peuvent être affectés par des conditions météorologiques, et les algorithmes d'IA peuvent parfois interpréter mal les images ou les données. De plus, l'utilisation de ces technologies dans des zones de conflit soulève des questions éthiques, notamment en ce qui concerne la vie privée des civils et la protection des données sensibles.

En outre, la documentation des crimes de guerre grâce aux technologies ne garantit pas nécessairement la justice. Les preuves collectées par des drones ou des outils d'IA doivent être traitées et présentées dans un cadre juridique, ce qui nécessite une coopération internationale et des mécanismes judiciaires solides. Bien que ces technologies puissent faciliter les enquêtes et renforcer les poursuites, elles ne remplacent pas la nécessité d'une justice équitable et de procédures rigoureuses pour garantir que les responsables de crimes de guerre soient tenus pour responsables.

En conclusion, les technologies, notamment les drones et l'intelligence artificielle, jouent un rôle de plus en plus important dans la documentation des crimes de guerre. Elles offrent de nouvelles possibilités pour collecter et analyser des preuves, améliorer la vérification des informations et identifier les responsables des violations du droit international humanitaire. Cependant, leur utilisation soulève également des questions complexes en matière de fiabilité, d'éthique et de protection des données, qui nécessitent une réflexion approfondie pour garantir que ces technologies soient utilisées de manière responsable et efficace dans la lutte contre l'impunité.

Chapitre 4 : Quelques affaires :

La quatrième partie de cette analyse porte sur des études d'affaires marquantes qui illustrent à la fois les réussites et les défis de la justice internationale dans la lutte contre les crimes de guerre. Elle examine des procès emblématiques, les échecs de la justice internationale, ainsi que les progrès récents dans la répression des crimes de guerre.

Dans un premier temps, les procès emblématiques, tels que celui d'Adolf Eichmann à Jérusalem, marquent une étape fondamentale dans l'application du principe de compétence universelle. Eichmann, responsable de la logistique de la Shoah, a été jugé en 1961 en Israël, mettant en lumière l'importance de poursuivre les criminels de guerre, même des décennies après les faits. Le procès de Slobodan Milošević, premier chef d'État jugé par un tribunal international, et ceux de Radovan Karadžić et Ratko Mladić, responsables du massacre de Srebrenica, illustrent l'évolution du droit international en matière de responsabilité pénale individuelle, même pour les dirigeants d'États.

Cependant, cette partie examine aussi les échecs de la justice internationale. Des figures comme Augusto Pinochet, ancien dictateur chilien, et Omar al-Bashir, ancien président soudanais, ont échappé à la justice malgré des mandats d'arrêt internationaux. De plus, des lacunes évidentes existent dans la réponse aux crimes commis en Syrie, en Irak ou dans le cadre du conflit israélo-palestinien, où l'impunité reste une réalité pour de nombreux responsables.

Enfin, des progrès récents dans la justice internationale sont mis en lumière, notamment les condamnations pour violences sexuelles en tant qu'armes de guerre, une avancée importante pour la reconnaissance des crimes sexuels dans les conflits. Les initiatives locales, notamment en Afrique et en Asie, pour juger les crimes de guerre, montrent également un renforcement de la capacité des États à traiter ces crimes sur leur propre sol, parfois en collaboration avec des juridictions internationales.

1. **Les procès historiques**

Les procès emblématiques ont joué un rôle important dans l'évolution du droit international et de la justice pénale internationale. Le procès d'Adolf Eichmann, organisé à Jérusalem en 1961, est un exemple majeur de l'application du principe de compétence universelle. Eichmann, responsable de la logistique de la Shoah, a été capturé en Argentine et jugé en Israël, marquant ainsi une étape décisive dans la poursuite des criminels de guerre, même des années après les faits.

Le procès de Slobodan Milošević, ancien président de la Yougoslavie, représente une autre avancée significative. En 2002, Milošević est devenu le premier chef d'État à être jugé par un tribunal international, le Tribunal pénal international pour l'ex-Yougoslavie (TPIY), pour des crimes de guerre, des crimes contre l'humanité et des génocides. Ce procès a ouvert la voie à la poursuite des dirigeants politiques responsables de violations graves du droit international.

Enfin, les procès de Radovan Karadžić et Ratko Mladić, responsables du massacre de Srebrenica en 1995, ont été des étapes clés dans la justice internationale. Ces deux figures de la guerre de Bosnie ont été jugées par le TPIY pour des crimes de guerre et des génocides, notamment le massacre de plus de 8 000 musulmans à Srebrenica, un des pires génocides depuis la Seconde Guerre mondiale. Ces procès ont démontré la volonté de la communauté internationale de traduire en justice les responsables de crimes de guerre de grande envergure.

- Adolf Eichmann : le procès de Jérusalem et le principe de compétence universelle.

Le procès d'Adolf Eichmann, qui s'est tenu à Jérusalem en 1961, est l'un des procès les plus emblématiques de l'histoire du droit pénal international, tant par son importance juridique que symbolique. Eichmann, un haut responsable nazi, a été capturé en Argentine en 1960, après avoir échappé à la justice pendant plus de quinze ans. Il était l'un des principaux architectes de la "Solution finale", le plan systématique d'extermination des Juifs d'Europe pendant la Seconde Guerre mondiale. Son procès est non seulement un moment clé dans la lutte contre l'impunité des criminels de guerre nazis, mais il marque également l'application du principe de compétence universelle, une notion fondamentale du droit international.

Le principe de compétence universelle stipule que certains crimes, tels que les crimes de guerre, les crimes contre l'humanité et le génocide, sont si graves qu'ils ne peuvent être ignorés par aucun État, quel que soit le lieu où ils ont été commis ou la nationalité des auteurs. Selon ce principe, tout État a la responsabilité de poursuivre et de juger les auteurs de ces crimes, même si ces derniers ne sont pas ressortissants de cet État ou si les crimes ont été commis en dehors de ses frontières. Ce principe s'oppose à l'idée de souveraineté nationale absolue et reconnaît que certains actes sont d'une telle gravité qu'ils relèvent de l'intérêt de la communauté internationale dans son ensemble.

Le procès d'Eichmann est un exemple frappant de l'application de ce principe. Bien qu'il ait commis ses crimes en Europe occupée par les nazis, en tant que responsable de la logistique de la déportation des Juifs vers les camps de concentration, il a été capturé en Argentine, un pays qui n'était pas directement impliqué dans la guerre et qui n'avait pas de liens juridiques directs avec les crimes commis par Eichmann. L'Argentine, qui était sous une dictature militaire à l'époque, avait accordé un refuge à Eichmann, comme à de nombreux autres criminels de guerre nazis, après la fin de la Seconde Guerre mondiale. Cependant, la capture d'Eichmann par le Mossad, le service de renseignement israélien, a ouvert la voie à son extradition vers Israël pour y être jugé.

Le procès d'Eichmann a été organisé par Israël, un État fondé après la guerre, qui considérait Eichmann comme l'un des responsables directs du génocide dont ses citoyens avaient été les principales victimes. Le tribunal israélien a jugé Eichmann en vertu des lois israéliennes relatives aux crimes de guerre et aux crimes contre l'humanité, mais ce procès s'inscrivait dans un cadre plus large de justice internationale. En effet, bien qu'Israël ait jugé Eichmann sur son propre sol, l'importance de ce procès allait au-delà des frontières israéliennes. Il symbolisait la volonté de la communauté internationale de rendre justice aux victimes de l'Holocauste, et il a été largement médiatisé à l'échelle mondiale. Ce procès a permis de souligner que les criminels de guerre nazis, même s'ils se cachaient dans des pays éloignés, pouvaient être poursuivis et jugés pour leurs actes.

L'un des aspects les plus significatifs du procès d'Eichmann est qu'il a mis en lumière le rôle central du principe de compétence universelle dans la lutte contre l'impunité des criminels de guerre. Bien qu'Israël ait été le pays qui a jugé Eichmann, il n'était pas le seul État concerné par ses crimes. En effet, les crimes commis par Eichmann, qui ont causé la mort de millions de Juifs et d'autres groupes persécutés par le régime nazi, étaient d'une telle ampleur qu'ils dépassaient les intérêts d'un seul pays. L'Argentine, où Eichmann avait trouvé refuge, a également été impliquée dans les discussions sur sa capture, même si elle n'a pas coopéré directement à son extradition. Ce procès a donc souligné que, même si un crime est commis dans un pays donné, la responsabilité de juger les auteurs de ces crimes peut incomber à n'importe quel État, en vertu du principe de compétence universelle.

Le procès d'Eichmann a également soulevé des questions importantes sur la justice pénale internationale et la souveraineté des États. Certains ont critiqué la méthode utilisée pour capturer Eichmann, arguant que son enlèvement en Argentine violait la souveraineté de ce pays. Cependant, le tribunal israélien a justifié son action en invoquant la nécessité de rendre justice aux victimes de l'Holocauste et de punir un criminel de guerre qui avait échappé à la justice pendant trop longtemps. Cette question de souveraineté a été largement débattue à l'époque et a contribué à la réflexion sur la nécessité d'une justice internationale plus cohérente et universelle.

Le procès d'Adolf Eichmann a également été marqué par la publication du livre *La banalité du mal* de la philosophe Hannah Arendt, qui a assisté au procès en tant que journaliste pour *The New Yorker*. Dans son ouvrage, Arendt propose une analyse profondément critique du rôle d'Eichmann et de ses actions pendant la Seconde Guerre mondiale. Contrairement à l'image traditionnelle du criminel de guerre comme un monstre sadique, Arendt décrit Eichmann comme un individu "banal", quelqu'un qui n'était ni un psychopathe ni un idéologue fanatique, mais plutôt un fonctionnaire obéissant, motivé par une stricte obéissance aux ordres et une recherche de promotion dans la hiérarchie nazie. Selon Arendt, Eichmann incarnait la "banalité du mal", une notion qui met en lumière comment des individus apparemment ordinaires peuvent commettre des atrocités lorsqu'ils se soumettent aveuglément à l'autorité et aux structures de pouvoir, sans remettre en question la moralité de leurs actions. Cette analyse a suscité de vives controverses, certains estimant qu'Arendt minimisait la responsabilité d'Eichmann, tandis que d'autres y voyaient une réflexion essentielle sur la nature du mal et sur les dangers de la soumission aveugle à l'autorité. Le livre a ainsi contribué à nourrir le débat sur la responsabilité individuelle et collective dans les crimes de guerre, en soulignant l'importance de la conscience morale face aux ordres.

En conclusion, le procès d'Adolf Eichmann à Jérusalem en 1961 est un jalon majeur dans l'histoire du droit pénal international. Il incarne l'application du principe de compétence universelle, qui permet de juger les criminels de guerre, même s'ils ont échappé à la justice pendant des décennies ou se trouvent dans des pays étrangers. Ce procès a également souligné la nécessité de poursuivre les criminels de guerre, quel que soit leur statut ou leur nationalité, et a jeté les bases de la justice pénale internationale moderne, inspirant la création de tribunaux comme le Tribunal pénal international (TPI) et d'autres juridictions internationales.

- Slobodan Milošević : premier chef d'État jugé par un tribunal international.

Slobodan Milošević, ancien président de la Yougoslavie, a marqué l'histoire du droit pénal international en devenant le premier chef d'État à être jugé par un tribunal international. Son procès, qui a eu lieu devant le Tribunal pénal international pour l'ex-Yougoslavie (TPIY), a non seulement été un moment clé dans la justice internationale, mais a également révélé les défis complexes associés à la poursuite des responsables politiques de haut rang pour des crimes de guerre, des crimes contre l'humanité et des génocides.

Milošević a été accusé de jouer un rôle central dans les atrocités commises pendant les guerres de Yougoslavie dans les années 1990, notamment le nettoyage ethnique, les massacres et les viols systématiques. Sous sa présidence, la Yougoslavie a été dévastée par une série de conflits violents, en particulier en Bosnie-Herzégovine, en Croatie et au Kosovo, qui ont entraîné la mort de milliers de personnes et la dévastation de régions entières. Milošević, qui a d'abord été élu président de la Serbie, a ensuite occupé la présidence de la Yougoslavie fédérale, exerçant une influence majeure sur les événements militaires et politiques dans la région. Il a été accusé d'avoir encouragé et soutenu les violences commises par les forces serbes, notamment lors du massacre de Srebrenica en 1995, où plus de

8 000 musulmans bosniaques ont été tués, et des attaques de purification ethnique contre les Albanais du Kosovo.

Le procès de Milošević, qui a débuté en 2002, a été un tournant pour la justice internationale. Le Tribunal pénal international pour l'ex-Yougoslavie (TPIY), établi en 1993 par le Conseil de sécurité des Nations Unies, avait pour mission de juger les responsables des crimes commis pendant les guerres de Yougoslavie. Jusqu'à ce moment-là, les chefs d'État n'avaient jamais été jugés par un tribunal international pour des crimes de guerre. Le procès de Milošević a donc été un test décisif pour le système judiciaire international, car il a démontré la volonté de la communauté internationale de tenir les dirigeants politiques responsables de leurs actions, quels que soient leur statut ou leur pouvoir.

Le procès de Milošević a duré plus de quatre ans et a été marqué par des retards et des controverses. L'accusé, qui a représenté lui-même sa défense, a utilisé sa position pour faire des déclarations politiques, rejetant les accusations portées contre lui et affirmant qu'il agissait en défense des intérêts de la Serbie. Il a nié les accusations de génocide, de crimes de guerre et de crimes contre l'humanité, tout en affirmant qu'il n'était pas responsable des actions de ses forces armées. Toutefois, l'accusation a présenté des preuves détaillées de son implication directe dans les événements, notamment des enregistrements de conversations et des témoignages de victimes et de témoins oculaires, qui ont démontré son rôle central dans la planification et l'exécution des atrocités.

Le procès a également soulevé des questions complexes sur la responsabilité individuelle des dirigeants politiques et militaires. Milošević n'était pas directement impliqué dans les combats, mais il a exercé une influence décisive sur les événements en tant que chef de l'État. Il a été accusé de mener une politique de "purification ethnique", cherchant à créer un "grand État serbe" en expulsant les populations non serbes de certaines régions. L'une des questions clés du procès était de savoir dans quelle mesure un chef d'État pouvait être tenu responsable des actions menées par ses subordonnés, y compris les forces armées et les paramilitaires. En vertu du droit international, un dirigeant politique peut être jugé pour des crimes commis par ses subordonnés s'il existe des preuves qu'il a donné des ordres directs ou a participé à la planification des crimes. Dans l'affaire Milošević, le tribunal a examiné en détail ses interactions avec les généraux et les commandants militaires, ainsi que son rôle dans la formulation de la politique de guerre.

Le procès de Milošević a été interrompu en 2006, avant qu'un verdict ne soit rendu, en raison de sa mort d'une crise cardiaque dans sa cellule. Cette issue a laissé un goût amer, car elle a empêché d'obtenir une conclusion définitive sur sa culpabilité ou son innocence. Cependant, son procès a eu des répercussions durables sur le droit international et sur la façon dont les responsables politiques sont jugés pour des crimes de guerre. Il a envoyé un message fort selon lequel même les plus hauts responsables politiques, y compris les chefs d'État, ne sont pas au-dessus de la loi et peuvent être tenus responsables de crimes graves.

Le procès de Milošević a aussi mis en lumière les limites et les défis du système de justice internationale. Le tribunal a été critiqué pour sa lenteur, ses coûts élevés et ses difficultés à réunir des preuves dans un contexte de guerre. La défense de Milošević a également souligné les tensions entre la justice et la politique, car le procès s'est déroulé dans un contexte de grande instabilité géopolitique, avec des tensions entre les puissances occidentales et la Russie, qui soutenait la Serbie. Les critiques ont également pointé du doigt le fait que d'autres responsables des crimes commis pendant les guerres de Yougoslavie n'ont pas été jugés, en particulier ceux qui ont joué un rôle dans les atrocités commises par d'autres groupes ethniques.

En conclusion, le procès de Slobodan Milošević a été un moment historique dans l'histoire de la justice pénale internationale. Bien qu'il n'ait pas abouti à un verdict en raison de la mort de l'accusé, il a marqué un tournant dans la lutte contre l'impunité des dirigeants politiques et a contribué à établir un précédent important pour la poursuite des chefs d'État responsables de crimes de guerre. Il a montré que, malgré les défis politiques et juridiques, la justice internationale pouvait être utilisée pour juger les crimes de guerre, même au plus haut niveau du pouvoir politique.

- Radovan Karadžić et Ratko Mladić : le massacre de Srebrenica.

Le massacre de Srebrenica, survenu en juillet 1995, est l'un des événements les plus tragiques de la guerre de Bosnie et l'un des pires massacres en Europe depuis la Seconde Guerre mondiale. Ce génocide a eu lieu pendant la guerre de Yougoslavie, dans un contexte de conflits ethniques et de violences entre les communautés serbes, bosniaques et croates. Srebrenica, une ville située dans l'est de la Bosnie-Herzégovine, était alors sous la protection des Nations Unies et désignée comme une "zone de sécurité" en raison de la présence de casques bleus. Cependant, malgré cette désignation, les forces serbes bosniaques ont réussi à pénétrer dans la ville et à commettre des atrocités de grande envergure, principalement contre les hommes et les garçons bosniaques musulmans.
Les responsables directs du massacre de Srebrenica étaient Radovan Karadžić, président de la République serbe de Bosnie, et Ratko Mladić, commandant en chef des forces armées serbes bosniaques. Ces deux hommes ont été jugés par le Tribunal pénal international pour l'ex-Yougoslavie (TPIY) pour leur rôle dans le massacre, et leurs procès ont été marqués par des débats intenses sur la responsabilité et la complicité dans le génocide.

Karadžić et Mladić ont été accusés de crimes de guerre, de crimes contre l'humanité et de génocide en raison de leur implication dans le massacre de Srebrenica. Le TPIY a jugé que le massacre constituait un acte de génocide, en raison de l'intention délibérée d'éliminer, en tout ou en partie, la population bosniaque musulmane de la région. Le massacre a été précédé par une série d'attaques militaires menées par les forces serbes bosniaques contre les populations musulmanes, dans le cadre d'une politique de nettoyage ethnique visant à créer un "grand État serbe" en Bosnie-Herzégovine.

Le 11 juillet 1995, les forces serbes bosniaques ont pris le contrôle de Srebrenica, où environ 40 000 réfugiés bosniaques s'étaient réfugiés. Les soldats serbes ont séparé les hommes et les garçons des femmes et des enfants, les exécutant ensuite de manière systématique. Environ 8 000 hommes et garçons ont été tués en quelques jours, principalement par des fusillades de masse dans des fosses communes. Ce massacre a été accompagné de violences sexuelles, de torture et d'autres formes de brutalité. Les femmes et les enfants ont été expulsés de la ville, mais les hommes et les garçons ont été ciblés en raison de leur appartenance ethnique et religieuse. Les corps ont été dissimulés dans des fosses communes pour effacer les traces du crime.

Le rôle de Radovan Karadžić et de Ratko Mladić dans ce massacre a été central. Karadžić, en tant que président de la République serbe de Bosnie, a été accusé d'avoir orchestré et supervisé la politique de nettoyage ethnique dans la région. Il a été impliqué dans la planification et la justification des attaques contre les civils bosniaques et a soutenu l'idée d'une "Serbie ethniquement pure". Mladić, en tant que commandant militaire, a supervisé l'exécution des massacres. Le TPIY a jugé que Karadžić et Mladić avaient agi de concert pour mener à bien cette politique génocidaire, en utilisant leurs pouvoirs respectifs pour organiser les attaques et exécuter les meurtres de masse.

Le procès de Karadžić a débuté en 2009, et celui de Mladić en 2012. Les deux accusés ont nié leur implication dans le massacre de Srebrenica, arguant qu'ils n'avaient pas donné d'ordres directs pour les exécutions. Cependant, le TPIY a présenté des preuves accablantes, y compris des témoignages de survivants, des enregistrements de communications militaires et des documents qui ont montré que les deux hommes étaient responsables de la planification et de l'exécution du massacre. En 2016, Karadžić a été condamné à 40 ans de prison pour son rôle dans le génocide de Srebrenica, et en 2017, Mladić a été condamné à la réclusion à perpétuité pour les mêmes crimes.

Le massacre de Srebrenica et les procès de Karadžić et Mladić ont été des étapes importantes dans la justice pénale internationale. Ils ont montré que les dirigeants politiques et militaires, même ceux occupant les plus hautes fonctions, peuvent être tenus responsables des crimes de guerre, des crimes contre l'humanité et du génocide. Le massacre de Srebrenica est désormais reconnu comme un génocide par les tribunaux internationaux, et ces procès ont renforcé le principe selon lequel la communauté internationale ne doit pas tolérer l'impunité des responsables de tels crimes.

En outre, le massacre de Srebrenica a mis en évidence les limites de la protection des populations civiles en temps de guerre. Bien que la ville ait été sous la protection des Nations Unies, les casques bleus n'ont pas pu empêcher les forces serbes de pénétrer dans la ville et de commettre les atrocités. Cela a soulevé des questions sur l'efficacité des missions de maintien de la paix de l'ONU et sur la nécessité de renforcer la capacité de la communauté internationale à prévenir de telles tragédies.

Le massacre de Srebrenica reste un symbole de la brutalité de la guerre en Bosnie et de la souffrance des civils pris dans le conflit. Les procès de Karadžić et Mladić ont permis de rendre justice aux victimes et ont envoyé un message fort contre l'impunité. Cependant, le souvenir du massacre continue de hanter les relations entre les communautés en Bosnie-Herzégovine, et le processus de réconciliation reste un défi majeur dans la région.

2. Les échecs de la justice internationale

La justice internationale a, malgré ses progrès, rencontré des échecs notables dans la poursuite de certains criminels de guerre et dans la réponse aux atrocités commises dans certains conflits contemporains. L'impunité de certains responsables, comme Augusto Pinochet et Omar al-Bashir, illustre ces lacunes. Pinochet, ancien dictateur chilien, n'a jamais été jugé pour les crimes commis sous son régime, malgré son arrestation en 1998 au Royaume-Uni, car des considérations politiques et des problèmes juridiques ont empêché son extradition vers le Chili. De même, Omar al-Bashir, président du Soudan, a été inculpé de génocide, crimes de guerre et crimes contre l'humanité par la Cour pénale internationale (CPI), mais a échappé à la justice en raison de son immunité en tant que chef d'État et du manque de coopération internationale pour son arrestation.

En parallèle, la communauté internationale a échoué à répondre de manière efficace aux crimes commis en Syrie, en Irak et en Israël. En Syrie, le régime de Bachar al-Assad a été accusé de crimes de guerre, y compris l'utilisation d'armes chimiques contre des civils, mais la CPI n'a pas pu intervenir en raison du veto de la Russie au Conseil de sécurité de l'ONU. En Irak, les atrocités commises par des groupes comme l'État islamique ont été largement documentées, mais les mécanismes de justice internationale n'ont pas été suffisamment déployés. Enfin, le conflit israélo-palestinien a également soulevé des questions de responsabilité pour les crimes de guerre, mais des obstacles politiques ont freiné l'action de la justice internationale, avec des accusations mutuelles entre Israël et le Hamas. Ces échecs montrent les limites de la justice internationale face aux réalités géopolitiques et à l'impunité des puissants.

- L'impunité de certains responsables : Augusto Pinochet, Omar al-Bashir.

L'impunité de certains responsables politiques, malgré les accusations graves de crimes de guerre, de crimes contre l'humanité ou de génocide, constitue l'une des grandes failles de la justice internationale. Deux exemples notables de cette impunité sont ceux d'Augusto Pinochet, l'ancien dictateur chilien, et d'Omar al-Bashir, l'ex-président du Soudan, dont les affaires ont montré les limites de la justice pénale internationale face à des considérations politiques et à des systèmes judiciaires défaillants.

Augusto Pinochet, qui a dirigé le Chili d'une main de fer de 1973 à 1990, est responsable de milliers de disparitions forcées, de tortures et d'exécutions extrajudiciaires pendant sa dictature. Après avoir pris le pouvoir par un coup d'État militaire en 1973, Pinochet a instauré un régime répressif qui a persécuté les opposants politiques, les militants de gauche et toute personne perçue comme une menace à son autorité. Malgré l'ampleur des violations des droits humains, Pinochet a échappé à toute poursuite pendant des années, notamment en raison de son statut de chef d'État et de l'absence de mécanismes internationaux efficaces pour juger de telles violations à l'époque.

L'affaire Pinochet a pris un tournant en 1998, lorsqu'il a été arrêté à Londres suite à un mandat d'arrêt international émis par l'Espagne, où il était accusé de crimes de guerre et de tortures sur des ressortissants espagnols. Cette arrestation a provoqué un débat mondial sur l'immunité des chefs d'État en exercice et la question de la compétence universelle des tribunaux internationaux. En dépit de l'arrestation, Pinochet n'a pas été extradé vers l'Espagne pour y être jugé, en raison de son état de santé et des pressions politiques exercées par le gouvernement britannique. Finalement, après un long processus judiciaire, il a été libéré en 2000 et est retourné au Chili, où il n'a jamais été jugé pour ses crimes. Cette affaire illustre la difficulté de tenir les responsables politiques en haute fonction responsables de leurs actes, même en présence de preuves accablantes, en raison de la protection juridique dont bénéficient les chefs d'État et des obstacles politiques liés à leur statut.

L'affaire Omar al-Bashir, président du Soudan de 1989 à 2019, représente un autre exemple flagrant d'impunité. Al-Bashir a été inculpé par la Cour pénale internationale (CPI) en 2009 et 2010 pour génocide, crimes de guerre et crimes contre l'humanité en raison de son rôle dans le conflit du Darfour, une région du Soudan où des centaines de milliers de personnes ont été tuées, et des millions d'autres ont été déplacées. Le gouvernement de Bashir a mené une campagne systématique de répression contre les populations civiles, en particulier les groupes ethniques non arabes, en utilisant des milices, des bombardements aériens et des violences sexuelles. L'ONU et la CPI ont reconnu ces crimes comme étant parmi les pires du XXIe siècle.

Malgré les mandats d'arrêt émis par la CPI, Omar al-Bashir a échappé à la justice. En tant que président, il bénéficiait de l'immunité diplomatique, et de nombreux pays, y compris certains membres de l'Union africaine, ont refusé de coopérer avec la CPI pour son arrestation. De plus, des pays comme la Chine, la Russie et certains États africains ont soutenu son régime, ce qui a rendu difficile l'application des mandats d'arrêt. Al-Bashir a également été soutenu par des alliés régionaux, ce qui a permis à son gouvernement de rester en place pendant des années, malgré les accusations internationales. Ce n'est qu'en 2019, après des mois de manifestations populaires et de pressions internes, qu'il a été renversé par un coup d'État militaire, bien qu'il n'ait toujours pas été jugé pour les crimes dont il était accusé.

L'impunité de Pinochet et d'Al-Bashir soulève plusieurs questions sur l'efficacité de la justice internationale. Ces deux affaires illustrent parfaitement les obstacles rencontrés par la communauté internationale pour juger les responsables de crimes graves, notamment en raison des enjeux géopolitiques, de la protection accordée aux chefs d'État et des difficultés liées à la coopération internationale. Les puissances internationales, les organisations régionales et les États souverains peuvent souvent faire obstacle aux poursuites, soit par des intérêts stratégiques, soit par la crainte de créer des précédents qui pourraient nuire à leur propre stabilité politique.

En outre, l'impunité de ces dirigeants met en lumière la question de l'égalité devant la loi. Si la justice internationale a permis de juger certains criminels de guerre, d'autres, en raison de leur statut ou de leur pouvoir, échappent à toute forme de responsabilité. Cela remet en cause la crédibilité de la justice pénale internationale et soulève des interrogations sur la capacité de la communauté internationale à imposer des sanctions efficaces contre les responsables de crimes de guerre, en particulier lorsqu'ils occupent des positions de pouvoir dans leurs pays respectifs.

Ainsi, les affaires de Pinochet et al-Bashir révèlent les limites de la justice internationale face aux réalités politiques mondiales et aux protections accordées aux dirigeants en exercice. Ils soulignent la nécessité de renforcer les mécanismes de responsabilité, d'accroître la coopération internationale et de repenser les principes d'immunité pour garantir que la justice ne soit pas entravée par des considérations politiques.

- Les lacunes dans la réponse aux crimes en Syrie, en Irak et en Israël.

La réponse internationale aux crimes de guerre commis en Syrie, en Irak et en Israël a été marquée par des lacunes notables, notamment en raison des obstacles politiques, des difficultés de coopération internationale et de l'absence de mécanismes judiciaires efficaces. Ces lacunes illustrent les limites de la justice internationale et des systèmes de responsabilité dans des contextes géopolitiques complexes.

En Syrie, le conflit, qui a éclaté en 2011, a été le théâtre de crimes de guerre et de crimes contre l'humanité commis par les différentes parties au conflit, notamment le régime de Bachar al-Assad, les groupes rebelles et l'État islamique (EI). Le régime syrien, soutenu par la Russie et l'Iran, a été accusé de recourir à des bombardements aériens indiscriminés sur des zones civiles, d'utiliser des armes chimiques contre des civils, et de mener des exécutions sommaires et des disparitions forcées. L'Organisation des Nations Unies (ONU) a documenté de nombreux exemples de violations des droits humains, mais la communauté internationale a été largement impuissante à mettre en œuvre des mesures concrètes pour poursuivre les responsables. La Syrie n'étant pas un membre de la Cour pénale internationale (CPI), la compétence de cette dernière n'a pas pu être invoquée. De plus, le Conseil de sécurité de l'ONU, où la Russie détient un droit de veto, a bloqué toute action judiciaire contre le régime syrien. En conséquence, bien que des enquêtes aient été menées, notamment par la Commission d'enquête des Nations Unies pour la Syrie, aucun responsable n'a été jugé pour ces crimes à l'échelle internationale, et le conflit continue d'impacter la population syrienne, sans que la justice ne soit rendue.

En Irak, les atrocités commises par l'État islamique (EI) ont été largement documentées, notamment les massacres de Yazidis, les exécutions de masse, l'esclavage sexuel et les destructions de sites culturels. Les crimes de l'EI ont choqué le monde, et plusieurs pays ont mené des enquêtes sur ces crimes. Cependant, la réponse judiciaire internationale a été insuffisante. Bien que la CPI ait compétence pour juger les crimes de guerre, elle n'a pas pu intervenir directement en Irak, car ce pays n'est pas membre de la CPI et n'a pas accepté sa juridiction. Par ailleurs, les efforts pour juger les membres de l'EI ont été limités, en grande partie en raison des défis liés à la collecte de preuves dans un contexte de guerre active. De plus, les autorités irakiennes ont pris des mesures pour juger certains responsables de l'EI dans le cadre de leurs juridictions nationales, mais ces procès ont souvent été critiqués pour leur manque de garanties procédurales et de transparence. Le manque de coopération internationale et les défis logistiques ont donc entravé une réponse judiciaire efficace.

En Israël et dans les territoires palestiniens, les crimes de guerre ont également été un sujet de débat international, en particulier en ce qui concerne les opérations militaires menées par Israël à Gaza. Après le pogrom du 7 octobre 2024, Tsahal décida de se défendre et certains n'apprécièrent pas les méthode de l'armée israélienne, obligée de se défendre dans un environnement où la plupart des biens protégés étaient systématiquement transformés en objectifs militaires. Ainsi les écoles ou les mosquées cachaient-elles non seulement des armes mais également des combattants, c qui est interdit par le droit international. Les accusations de violations du droit international humanitaire, notamment de bombardements aériens sur des zones civiles, de destruction d'infrastructures civiles et de l'utilisation disproportionnée de la force, ont été largement documentées par des organisations de défense des droits de l'homme comme Human Rights Watch et Amnesty International. Les Houtous du Yemen, le Ezbollah du Liban ou encore le hamas de Gaza ou l'Iran et autres groupes terroristes n'hésitèrent pas à bombarder les civils israéliens. Cependant, la situation est compliquée par la question de la reconnaissance d'Israël et du statut de la Palestine. Israël, qui n'est pas membre de la CPI, a contesté la compétence de la Cour pour juger ses actions, et l'Autorité palestinienne, bien qu'elle ait adhéré à la CPI en 2015, a rencontré des obstacles dans l'obtention d'une action internationale concrète.

Les lacunes dans la réponse aux crimes en Syrie, en Irak et en Israël sont liées à plusieurs facteurs. D'abord, l'absence de mécanismes juridiques internationaux contraignants dans ces régions, en particulier en raison de la non-adhésion de certains États à la CPI ou de leur refus de coopérer avec cette dernière. Ensuite, les considérations géopolitiques, telles que les intérêts stratégiques de grandes puissances comme les États-Unis, la Russie ou la Chine, ont entravé toute action concertée pour mettre en place des procédures judiciaires internationales. Par exemple, la Russie a soutenu le régime de Bachar al-Assad en Syrie et a exercé son droit de veto au Conseil de sécurité de l'ONU pour empêcher l'adoption de résolutions visant à saisir la CPI. De même, les États-Unis ont opposé leur veto à l'enquête de la CPI sur les crimes commis en Afghanistan et en Irak. Enfin, la collecte de preuves dans des zones de guerre actives reste un défi majeur, notamment en raison de l'insécurité, de la destruction d'infrastructures et des difficultés d'accès aux témoins.

Ainsi, bien que des efforts aient été déployés pour répondre aux crimes de guerre dans ces conflits, les lacunes dans la réponse judiciaire montrent que la justice internationale reste confrontée à des obstacles considérables, notamment la politique internationale, l'absence de mécanismes efficaces d'enquête et de poursuite, ainsi que les défis pratiques liés à la collecte de preuves dans des environnements de guerre. Ces échecs soulignent la nécessité de réformer et de renforcer les systèmes de justice internationale afin de garantir que les responsables de crimes de guerre soient tenus responsables, indépendamment de leur statut ou de leur pouvoir politique.

3. **Les progrès récents**

Les progrès récents dans la lutte contre l'impunité pour les crimes de guerre ont marqué des avancées importantes, notamment en ce qui concerne les violences sexuelles utilisées comme armes de guerre et les initiatives locales visant à juger les criminels de guerre en Afrique et en Asie.

Les condamnations pour violences sexuelles en tant qu'armes de guerre ont constitué un développement majeur dans la justice internationale. Ces crimes, souvent commis de manière systématique et dans le but de terroriser les populations civiles, ont été reconnus comme des crimes de guerre et des crimes contre l'humanité. Des procès emblématiques, comme ceux du Tribunal pénal international pour l'ex-Yougoslavie (TPIY) et du Tribunal pénal international pour le Rwanda (TPIR), ont permis de poser un cadre juridique pour la répression de ces actes. Par exemple, la condamnation de Jean-Paul Akayesu, ancien maire du Rwanda, en 1998 pour son rôle dans les violences sexuelles pendant le génocide rwandais, a marqué une étape importante dans la reconnaissance des violences sexuelles comme un crime de guerre. Plus récemment, la Cour pénale internationale (CPI) a également poursuivi des responsables pour des violences sexuelles, comme dans l'affaire de l'ancien-commandant congolais Bosco Ntaganda, condamné en 2019 pour des crimes de guerre, y compris des violences sexuelles utilisées comme tactique de guerre.

En parallèle, des initiatives locales pour juger les crimes de guerre ont vu le jour, en particulier en Afrique et en Asie, afin de combler les lacunes laissées par les tribunaux internationaux. Des mécanismes hybrides, comme les tribunaux spéciaux pour la Sierra Leone et le Cambodge, ont permis de juger les responsables des atrocités tout en tenant compte des réalités locales. Ces tribunaux combinent des juges internationaux et nationaux pour garantir une meilleure légitimité et efficacité. Par exemple, le Tribunal spécial pour la Sierra Leone a été créé en 2002 pour juger les responsables des crimes commis pendant la guerre civile, tandis que le Tribunal spécial pour le Cambodge a été mis en place pour juger les dirigeants des Khmers rouges. Ces initiatives montrent que la justice peut être rendue à un niveau local tout en respectant les principes du droit international.

- Les condamnations pour violences sexuelles en tant qu'armes de guerre.

Les violences sexuelles commises dans le cadre de conflits armés sont désormais reconnues comme des crimes de guerre, des crimes contre l'humanité et parfois des actes de génocide. Leur utilisation systématique comme arme de guerre vise à détruire, terroriser et déstabiliser des populations civiles, en particulier des femmes et des enfants. Ces violences ont été commises tout au long de l'histoire des conflits, mais leur reconnaissance comme une catégorie distincte de crimes de guerre est relativement récente et représente une avancée importante dans le droit international humanitaire.

L'une des premières reconnaissances internationales des violences sexuelles comme arme de guerre remonte aux années 1990, pendant la guerre en ex-Yougoslavie. En 1993, le Tribunal pénal international pour l'ex-Yougoslavie (TPIY) a été créé pour juger les crimes de guerre commis pendant les conflits dans les Balkans. Le TPIY a joué un rôle important en définissant les violences sexuelles comme une forme de torture et de persécution. Un des procès les plus emblématiques fut celui de Duško Tadić, un chef militaire bosniaque, jugé en 1997 pour des crimes de guerre, y compris des viols et des violences sexuelles. Ce procès a permis de poser un précédent important en matière de reconnaissance des violences sexuelles dans les conflits armés.

Le Tribunal pénal international pour le Rwanda (TPIR), créé en 1994 pour juger les responsables du génocide rwandais, a également été pionnier dans la lutte contre l'impunité des violences sexuelles. En 1998, le TPIR a jugé Jean-Paul Akayesu, un ancien maire rwandais, pour avoir orchestré des viols systématiques et des violences sexuelles dans le cadre du génocide. Ce jugement a marqué un tournant, car il a été le premier à qualifier les violences sexuelles de "crime de génocide", une qualification qui n'avait jamais été utilisée dans le contexte de la guerre. Le TPIR a également élargi la notion de viol en le considérant comme une forme de torture et de persécution, et a souligné l'importance de rendre justice pour les victimes de ces crimes.

Un autre exemple majeur est celui de la Cour pénale internationale (CPI), créée en 2002 pour juger les crimes de guerre, les crimes contre l'humanité et les crimes de génocide. La CPI a jugé plusieurs responsables pour des violences sexuelles en tant qu'armes de guerre. L'un des procès les plus significatifs a été celui de Bosco Ntaganda, ancien chef rebelle congolais, qui a été condamné en 2019 pour des crimes de guerre, y compris des violences sexuelles. Ntaganda, surnommé "le Terminator", a dirigé des milices responsables de viols systématiques et de violences sexuelles en République démocratique du Congo (RDC) pendant la guerre en Ituri, au début des années 2000. La CPI a reconnu que ces violences sexuelles avaient été utilisées pour terroriser les populations civiles et les forcer à fuir, tout en servant à déstabiliser des communautés entières.

Dans la même région, la CPI a également poursuivi un autre chef de guerre congolais, Germain Katanga, pour des crimes de guerre, y compris des viols. Katanga était le commandant d'un groupe armé impliqué dans des attaques sur des villages dans l'est de la RDC. Ces attaques comprenaient des viols collectifs et des mutilations sexuelles, utilisés pour terroriser les femmes et les enfants, et détruire le tissu social des communautés ciblées. Bien que Katanga ait été acquitté de certains chefs d'accusation, sa condamnation pour crimes de guerre a été un signal fort de l'engagement de la CPI à juger les violences sexuelles en tant qu'armes de guerre.

Un autre exemple de l'importance de la reconnaissance des violences sexuelles comme arme de guerre est celui de la guerre en ex-Yougoslavie, où les viols ont été utilisés comme une tactique systématique de nettoyage ethnique. Les forces serbes ont commis des viols massifs, en particulier pendant le siège de Sarajevo et dans les camps de concentration de la guerre de Bosnie. Les victimes étaient souvent des femmes musulmanes bosniaques, et ces viols étaient utilisés pour détruire la cohésion sociale et démoraliser les populations. Le procès de Ratko Mladić, ancien général de l'armée serbe de Bosnie, a inclus des accusations de viols en tant que crimes de guerre. Mladić a été condamné en 2017 pour son rôle dans le massacre de Srebrenica et pour avoir orchestré des viols systématiques dans le cadre de la guerre en Bosnie.

Les violences sexuelles en tant qu'arme de guerre ont également été documentées dans des conflits récents, notamment en République centrafricaine, au Darfour, en Libye et au Nigéria. Dans ces conflits, des groupes armés ont utilisé les viols et autres formes de violences sexuelles pour affaiblir les communautés civiles, humilier les victimes et imposer un contrôle sur les populations. Par exemple, en République centrafricaine, des milices rebelles et des forces gouvernementales ont été accusées de viols massifs pendant les conflits armés. Ces crimes ont été documentés par des organisations internationales et des ONG, mais la justice reste lente à réagir dans ces contextes.

Les progrès réalisés dans la reconnaissance et la condamnation des violences sexuelles comme armes de guerre ont été significatifs, mais de nombreux défis persistent. L'un des principaux obstacles reste l'impunité pour les auteurs de ces crimes, en particulier dans les conflits où la justice est difficile à mettre en place, comme en Syrie, en Irak ou au Yémen. De plus, bien que des condamnations aient eu lieu, les victimes de violences sexuelles restent souvent marginalisées et leurs souffrances minimisées. Les progrès réalisés dans la justice pour ces crimes nécessitent une vigilance continue pour garantir que ces actes ne soient plus jamais considérés comme des "dommages collatéraux" dans les conflits armés, mais comme des crimes graves nécessitant une réponse judiciaire appropriée.

Voici quelques références jurisprudentielles pertinentes concernant les condamnations pour violences sexuelles en tant qu'armes de guerre, issues des tribunaux internationaux :

1. **Tribunal pénal international pour le Rwanda (TPIR)**
   - **Affaire Jean-Paul Akayesu**[4] (1998) : Jean-Paul Akayesu, ancien maire du Rwanda, a été jugé par le TPIR pour son rôle dans le génocide rwandais, y compris pour avoir orchestré des viols systématiques comme arme de guerre. Il a été reconnu coupable de viols, qui ont été qualifiés de crime de génocide et de crime contre l'humanité. C'est l'un des premiers jugements où les violences sexuelles ont été reconnues comme une forme de génocide. Cette affaire a constitué une étape importante dans la reconnaissance des violences sexuelles comme crime de guerre.

2. **Tribunal pénal international pour l'ex-Yougoslavie (TPIY)** :
   - **Affaire Duško Tadić**[5] (1997) : Duško Tadić, un chef militaire bosniaque, a été jugé pour des

---

[4] *TPIR, Jean-Paul Akayesu, jugement du 2 septembre 1998, affaire n° ICTR-96-4-T.*

[5] *TPIY, Duško Tadić, jugement du 7 mai 1997, affaire n° IT-94-1-T.*

crimes de guerre, y compris des viols et des violences sexuelles. Ce procès a été important car il a élargi la compréhension des violences sexuelles en les qualifiant de crimes de guerre et de crimes contre l'humanité.

3. **Cour pénale internationale (CPI)** :

- **Affaire Bosco Ntaganda**[6] (2019) : Bosco Ntaganda, un ancien chef rebelle congolais, a été jugé par la CPI pour des crimes de guerre, y compris des violences sexuelles utilisées comme arme de guerre pendant le conflit en République démocratique du Congo (RDC). Ntaganda a été condamné pour avoir dirigé des milices responsables de viols systématiques et de violences sexuelles en Ituri, au début des années 2000. La CPI a reconnu que ces actes étaient commis dans le cadre d'une politique visant à terroriser les populations civiles.

- **Affaire Germain Katanga**[7] (2014) : Germain Katanga, un chef de milice congolais, a été jugé pour des crimes de guerre, y compris des viols

---

6 *CPI, Bosco Ntaganda, jugement du 8 juillet 2019, affaire n° ICC-01/04-02/06.*
7 *CPI, Germain Katanga, jugement du 7 mars 2014, affaire n° ICC-01/04-01/07.*

commis lors de conflits en RDC. Bien que Katanga ait été acquitté de certaines charges, il a été condamné pour crimes de guerre et pour avoir permis la commission de violences sexuelles dans le cadre d'attaques contre des villages en Ituri.

4. **Tribunal spécial pour la Sierra Leone (TSSL)** :

- **Affaire Charles Taylor**[8] (2012) : Charles Taylor, ancien président du Liberia, a été jugé par le Tribunal spécial pour la Sierra Leone pour son rôle dans le soutien aux groupes rebelles responsables de violences sexuelles systématiques durant la guerre civile en Sierra Leone. Le tribunal a reconnu que les viols et autres violences sexuelles faisaient partie de la stratégie de guerre des rebelles soutenus par Taylor. Taylor a été reconnu coupable de crimes de guerre et de crimes contre l'humanité, y compris pour des violences sexuelles.

Ces affaires sont des exemples clés où les tribunaux internationaux ont abordé les violences sexuelles en tant qu'armes de guerre, en les qualifiant de crimes graves et en

---

8 *TSSL, Charles Taylor, jugement du 26 avril 2012, affaire n° SCSL-03-01-T.*

imposant des condamnations. Elles illustrent l'évolution de la jurisprudence internationale sur ce sujet et la volonté des juridictions internationales de tenir les responsables de ces crimes pour responsables, tout en contribuant à la reconnaissance des violences sexuelles comme une composante essentielle des crimes de guerre.

- Les initiatives locales pour juger les crimes de guerre en Afrique et en Asie.

Les initiatives locales pour juger les crimes de guerre en Afrique et en Asie représentent un aspect important de la justice pénale internationale. Alors que les tribunaux internationaux comme la Cour pénale internationale (CPI) et les tribunaux ad hoc (TPIY, TPIR) jouent un rôle central dans la lutte contre l'impunité, de nombreuses régions ont également pris l'initiative de mettre en place leurs propres mécanismes judiciaires pour traiter les crimes de guerre et les violations des droits de l'homme. Ces initiatives locales sont souvent plus accessibles aux victimes et peuvent jouer un rôle important dans la réconciliation et la reconstruction post-conflit, bien que leur efficacité soit parfois limitée par des défis politiques, institutionnels et juridiques.

Afrique : Les mécanismes judiciaires locaux

L'Afrique a été le théâtre de nombreux conflits armés au cours des dernières décennies, et plusieurs pays ont mis en place des initiatives locales pour juger les crimes de guerre et les violations des droits de l'homme. Ces initiatives ont parfois été soutenues par la communauté internationale, mais elles ont également soulevé des questions concernant leur indépendance, leur transparence et leur capacité à rendre justice de manière équitable.

Le Rwanda : Les tribunaux gacaca

Le Rwanda, après le génocide de 1994, a mis en place un système judiciaire unique appelé les tribunaux gacaca pour juger les auteurs du génocide. Ce système, inspiré de la tradition rwandaise de justice communautaire, a permis de juger des centaines de milliers de personnes accusées de génocide, de crimes contre l'humanité et de violations graves des droits de l'homme. Les tribunaux gacaca[9] ont été conçus pour être plus accessibles et plus rapides que les tribunaux traditionnels, qui étaient surchargés après le génocide. Ils ont été ouverts aux communautés locales, permettant ainsi une participation directe des victimes et des témoins dans les procédures judiciaires. Bien que ce système ait permis de traiter un grand nombre d'affaires, il a aussi été critiqué pour ses lacunes, notamment en termes de garanties procédurales et de protection des témoins.

---

9 *Loi n° 40/2000 du 26 janvier 2000 portant organisation des tribunaux gacaca.*

La République Démocratique du Congo : La Cour pénale militaire

En République Démocratique du Congo (RDC), la justice nationale a été confrontée à de nombreux défis pour juger les crimes de guerre, en particulier dans le contexte des conflits armés qui ont dévasté le pays depuis les années 1990. Le pays a mis en place la Cour pénale militaire[10] pour juger les crimes de guerre et les violations des droits de l'homme commis par des membres des forces armées congolaises et des groupes armés. Cependant, la cour a été critiquée pour son manque d'indépendance et de transparence, ainsi que pour la lenteur des procédures et les pressions politiques qui ont influencé les décisions judiciaires.

La Sierra Leone : Les juridictions hybrides

La **Sierra Leone** a connu une guerre civile sanglante entre 1991 et 2002, au cours de laquelle des crimes de guerre massifs, y compris des viols, des mutilations et des recrutements d'enfants soldats, ont été commis. En réponse à cette situation, le gouvernement de la Sierra Leone a créé un tribunal hybride, le **Tribunal spécial pour la Sierra Leone**[11]

---

10 *Loi n° 04/003 du 12 février 2004 portant organisation de la Cour pénale militaire de la RDC.*

11 *Statut du Tribunal spécial pour la Sierra Leone, adopté par la résolution 1315 du Conseil de sécurité des Nations unies en 2000.*

(TSSL), en partenariat avec les Nations unies. Ce tribunal a jugé les principaux responsables des crimes de guerre et des violations des droits de l'homme, y compris l'ex-président Charles Taylor du Liberia, qui a été condamné pour son rôle dans le soutien aux rebelles responsables de ces crimes. Bien que le TSSL ait été un mécanisme international, il a été établi en grande partie pour répondre aux besoins de justice locale et a permis à des juges et à des procureurs nationaux de participer à la procédure.

Asie : Les mécanismes judiciaires locaux

En Asie, plusieurs pays ont également cherché à juger les crimes de guerre, mais les défis sont souvent exacerbés par des contextes politiques complexes, des régimes autoritaires et des systèmes judiciaires faibles.

Le Cambodge : Le Tribunal spécial pour le Cambodge

Le Cambodge, après la chute du régime des Khmers rouges en 1979, a vu un grand nombre de crimes de guerre et de violations des droits de l'homme être commis, notamment les massacres de la période 1975-1979. Le Tribunal spécial pour le Cambodge (ECCC), également appelé tribunal des Khmers rouges, a été créé en 2006 en partenariat avec les Nations unies pour juger les responsables des atrocités commises par le régime de Pol Pot. Le tribunal a été salué pour sa capacité à juger des crimes de guerre à l'échelle nationale tout en respectant les normes internationales, mais il a également été critiqué pour sa lenteur et pour le fait qu'il n'a jugé qu'un nombre limité de responsables, laissant de nombreux autres responsables impunis.

Référence : *Accord entre le gouvernement royal du Cambodge et les Nations unies sur la création d'un tribunal spécial pour juger les responsables des crimes commis sous le régime des Khmers rouges, 2003.*

Le Timor oriental : Les tribunaux hybrides

Le Timor oriental a connu une période de violence intense en 1999, lorsque l'Indonésie a réprimé les aspirations à l'indépendance du pays. Des violences massives ont été commises, notamment des massacres et des viols. En réponse à ces crimes, le gouvernement du Timor oriental a mis en place un tribunal hybride en 2000, en collaboration avec les Nations unies, pour juger les responsables des crimes de guerre. Cependant, le tribunal a été critiqué pour son manque de pouvoir juridique et pour l'impunité de nombreux responsables indonésiens qui n'ont pas été jugés.

Référence : *Résolution 1272 du Conseil de sécurité des Nations unies, 1999.*

Les initiatives locales pour juger les crimes de guerre en Afrique et en Asie ont joué un rôle essentiel dans la lutte contre l'impunité, mais elles ont été confrontées à de nombreux défis.

Si ces mécanismes ont permis de juger un grand nombre de responsables, ils ont également été confrontés à des problèmes d'indépendance, de lenteur et de manque de ressources. Les tribunaux hybrides et les mécanismes locaux sont souvent vus comme des solutions plus adaptées aux réalités locales, mais ils nécessitent un soutien international constant pour garantir leur efficacité et leur crédibilité.

Chapitre 5 : Les perspectives d'évolution du droit pénal international

Le chapitre **5** analyse les perspectives d'évolution du droit pénal international face aux défis contemporains. Il s'agit notamment de renforcer les institutions internationales, promouvoir la prévention des crimes de guerre et adapter le droit international humanitaire (DIH) à un monde multipolaire.

L'un des enjeux majeurs est de réformer la Cour pénale internationale (CPI) pour accroître son efficacité, notamment en améliorant ses moyens d'enquête et en assurant une coopération plus contraignante des États. Par ailleurs, la création de mécanismes d'application plus stricts est essentielle pour garantir l'exécution des décisions judiciaires.

La prévention des crimes de guerre passe par un renforcement de l'éducation au DIH, en particulier dans les armées et les écoles, afin de former les individus aux normes internationales et aux conséquences des violations. La documentation proactive des violations potentielles est également importante pour prévenir les atrocités avant qu'elles ne surviennent.

Enfin, le DIH doit s'adapter à un monde multipolaire marqué par l'émergence de nouvelles puissances. Cela implique de renforcer la coopération internationale pour relever les défis globaux tout en garantissant que les principes du DIH soient respectés, même face à des acteurs non étatiques et des contextes géopolitiques changeants.

1. **Renforcer les institutions internationales**

Renforcer les institutions internationales, notamment la Cour pénale internationale (CPI), est essentiel pour améliorer l'efficacité du système de justice pénale internationale. Cela nécessite des réformes pour rendre la CPI plus réactive et capable de mener des enquêtes plus approfondies, en surmontant les obstacles liés à la coopération des États. Il est également indispensable de créer des mécanismes d'application plus contraignants, afin de garantir que les États respectent les décisions de la CPI, notamment en exécutant les mandats d'arrêt et en assurant la coopération nécessaire pour la poursuite des criminels de guerre. Ces réformes contribueraient à renforcer la crédibilité et l'efficacité de la justice internationale.

- Réformer la CPI pour une meilleure efficacité.

La réforme de la Cour pénale internationale (CPI) est un sujet clef pour garantir l'efficacité de la justice pénale internationale. Depuis sa création en 2002, la CPI a fait face à des défis significatifs, notamment en matière de coopération internationale, de lenteur des procédures judiciaires, et de limitations dans sa capacité à mener des enquêtes dans des zones de conflit. Pour améliorer son efficacité, plusieurs réformes pourraient être envisagées.

L'un des principaux obstacles à l'efficacité de la CPI est le manque de coopération des États. De nombreux pays, notamment des grandes puissances comme les États-Unis, la Chine et la Russie, n'ont pas ratifié le Statut de Rome, ce qui limite l'autorité de la Cour et sa capacité à poursuivre les criminels de guerre. Par exemple, l'absence de coopération des États-Unis a entravé les enquêtes sur les crimes commis en Afghanistan, où des militaires américains ont été accusés de crimes de guerre. Afin de renforcer l'efficacité de la CPI, il serait nécessaire de mettre en place des mécanismes qui contraignent les États à respecter leurs obligations internationales, notamment en matière d'arrestation des suspects et de remise des preuves.

Un autre domaine de réforme concerne la lenteur des procédures judiciaires. Les procès à la CPI peuvent durer plusieurs années, comme en témoigne l'affaire de Thomas Lubanga, le premier accusé jugé par la Cour, dont le procès a duré plus de 7 ans. Cette lenteur peut être décourageante pour les victimes et nuit à l'efficacité de la justice. Pour y remédier, il serait pertinent de simplifier certaines procédures, de renforcer les ressources humaines et matérielles de la Cour, et d'améliorer la gestion des affaires. Une meilleure allocation des ressources et un renforcement des équipes d'enquêteurs pourraient permettre d'accélérer les enquêtes et les procès.

La CPI pourrait également bénéficier d'une amélioration de sa capacité à enquêter sur le terrain. Dans des contextes de guerre, comme en République Démocratique du Congo, en Syrie ou en Libye, les enquêtes sont souvent entravées par l'instabilité, les menaces de violence, et la difficulté d'accès aux zones où les crimes ont été commis. La création d'équipes mobiles d'enquêteurs ou l'utilisation de nouvelles technologies pour recueillir des preuves à distance, comme les images satellites, les témoignages en ligne ou l'analyse des données numériques, pourrait renforcer la capacité de la CPI à collecter des preuves de manière plus efficace et dans des contextes difficiles.

Une réforme importante serait également d'étendre la compétence de la CPI en matière de crimes économiques, notamment les crimes liés à l'exploitation des ressources naturelles dans les zones de conflit. Ces crimes, souvent commis par des acteurs non étatiques ou des multinationales, ont des conséquences graves pour les populations locales et pour la stabilité internationale. En intégrant ces types de crimes dans son mandat, la CPI pourrait répondre à des enjeux contemporains et renforcer sa légitimité.

Enfin, la légitimité et la représentation géographique de la CPI sont des questions essentielles. La Cour a souvent été perçue comme étant trop centrée sur les pays africains, ce qui a alimenté des critiques sur son impartialité. Pour remédier à cette perception, il serait utile de promouvoir une plus grande diversité géographique dans les nominations des juges et des procureurs, ainsi que de veiller à ce que les enquêtes couvrent une plus grande variété de conflits à travers le monde, y compris en Asie, en Europe de l'Est et au Moyen-Orient.

En conclusion, réformer la CPI pour améliorer son efficacité nécessite de surmonter des obstacles complexes liés à la coopération des États, à la lenteur des procédures, et à la collecte de preuves dans des environnements de guerre. Des réformes visant à renforcer la capacité de la Cour à agir rapidement, à étendre son champ d'action et à garantir une plus grande coopération des États sont essentielles pour assurer que la CPI puisse jouer pleinement son rôle dans la lutte contre l'impunité pour les crimes de guerre.

- Créer des mécanismes d'application plus contraignants pour les États.

La mise en place de mécanismes d'application plus contraignants pour les États est essentielle afin de garantir l'efficacité de la justice pénale internationale et de renforcer la crédibilité de la Cour pénale internationale (CPI). En effet, l'un des plus grands défis auxquels la CPI est confrontée réside dans la non-coopération des États, qui peuvent refuser de remettre des suspects, de fournir des preuves ou de respecter les décisions judiciaires. Cette absence de coopération empêche souvent la Cour de mener à bien ses enquêtes et de rendre des jugements dans des affaires de grande envergure. Pour surmonter ces obstacles, il est nécessaire de créer des mécanismes contraignants et des mesures incitatives qui obligent les États à respecter leurs engagements en vertu du Statut de Rome, le traité fondateur de la CPI.

Un des exemples les plus clairs de cette non-coopération est celui des États-Unis, qui ont refusé de coopérer avec la CPI, notamment dans le cadre de l'enquête sur les crimes de guerre commis en Afghanistan, où des militaires américains ont été accusés de torture et de mauvais traitements. En 2019, la CPI avait obtenu l'autorisation d'enquêter sur ces crimes, mais les États-Unis ont exercé une pression diplomatique pour empêcher cette enquête, menaçant de sanctions les fonctionnaires de la CPI impliqués. Cette situation montre que, sans mécanismes contraignants, les États peuvent faire obstacle à la justice internationale sans crainte de conséquences.

Pour créer des mécanismes plus contraignants, il est possible de s'inspirer de modèles déjà existants dans le droit international. Par exemple, la Convention des Nations Unies contre la corruption prévoit des mesures de coopération obligatoire entre les États parties pour l'extradition des responsables d'actes de corruption. Une approche similaire pourrait être adoptée pour les crimes de guerre, en instaurant des sanctions économiques, commerciales ou diplomatiques pour les États qui refusent de coopérer avec la CPI. Ces sanctions pourraient être décidées par l'Assemblée des États parties au Statut de Rome ou par le Conseil de sécurité des Nations Unies, en cas de non-remise d'un suspect ou de non-exécution d'un mandat d'arrêt.

Un autre exemple de mécanisme contraignant est l'utilisation de la pression diplomatique et des relations bilatérales entre États. Par exemple, la Cour internationale de justice (CIJ) a parfois été utilisée pour obliger un État à respecter ses obligations internationales. En cas de non-coopération avec la CPI, des mesures similaires pourraient être mises en place, avec des pressions multilatérales, notamment en suspendant la coopération économique, la participation à des forums internationaux ou même l'accès à certaines aides financières.

Le Conseil de sécurité des Nations Unies pourrait également jouer un rôle clé dans la création de mécanismes contraignants pour les États. En vertu de l'article 13 du Statut de Rome, le Conseil de sécurité peut saisir la CPI de situations de crimes de guerre, mais il peut aussi imposer des sanctions contre les États qui refusent de coopérer. Cependant, cette approche est limitée par le pouvoir de veto dont disposent les membres permanents du Conseil de sécurité, ce qui empêche parfois des actions efficaces. Pour renforcer cette approche, il serait pertinent de limiter l'usage du veto dans des affaires de crimes de guerre, en imposant des mécanismes de sanction automatique en cas de non-coopération.

La mise en place de tribunaux hybrides pourrait également constituer un mécanisme d'application contraignant pour les États récalcitrants. Par exemple, le Tribunal spécial pour la Sierra Leone (TSSL) a été un modèle de coopération entre les Nations Unies et le gouvernement sierra-léonais, ce qui a permis d'éviter les difficultés liées à la coopération internationale purement étatique. Ce modèle hybride pourrait être adapté à d'autres régions, permettant ainsi aux États de coopérer tout en maintenant leur souveraineté. Ces tribunaux hybrides, qui combinent des éléments de droit national et international, pourraient offrir une alternative à la CPI dans les situations où la coopération internationale est limitée.

Enfin, la création d'un système de suivi des obligations des États parties au Statut de Rome pourrait permettre de surveiller l'exécution des décisions de la CPI. Cela inclurait un mécanisme de rapports réguliers, où les États seraient tenus de rendre compte de leurs actions en matière de coopération avec la Cour. Les États qui ne respectent pas leurs obligations pourraient être soumis à des sanctions ou à des mesures de pression diplomatique.

En conclusion, la création de mécanismes d'application plus contraignants pour les États est essentielle pour garantir l'efficacité de la justice pénale internationale. Ces mécanismes pourraient inclure des sanctions économiques, des pressions diplomatiques, des actions du Conseil de sécurité des Nations Unies, et la mise en place de tribunaux hybrides. Si ces mécanismes sont mis en œuvre de manière efficace, ils permettraient de surmonter les obstacles à la coopération des États et d'assurer que la justice pénale internationale puisse poursuivre les criminels de guerre, indépendamment de leur statut ou de leur position géopolitique.

2. Promouvoir la prévention des crimes de guerre

La promotion de la prévention des crimes de guerre est un aspect important pour réduire les atrocités commises pendant les conflits armés. L'une des premières étapes pour y parvenir est de renforcer l'éducation au droit international humanitaire (DIH), à la fois dans les armées et dans les écoles. Former les militaires sur les règles du DIH permet de les sensibiliser aux limites de la violence et de la guerre, et de les inciter à respecter les droits humains et à éviter les crimes de guerre. De même, intégrer le DIH dans les programmes scolaires, en particulier dans les zones de conflit, peut contribuer à une prise de conscience précoce des droits et des responsabilités en temps de guerre.

Une autre approche essentielle est d'encourager la documentation proactive des violations potentielles. Cela implique de mettre en place des systèmes permettant de collecter, analyser et conserver des preuves de violations du DIH avant même qu'elles ne se produisent. Par exemple, l'utilisation de technologies comme les drones, les satellites ou les médias sociaux peut permettre de surveiller les zones de conflit et de documenter les actes de violence en temps réel, facilitant ainsi une réponse rapide et une prévention des crimes. Ces efforts proactifs contribuent non seulement à la dissuasion, mais aussi à la création d'une mémoire collective qui peut servir à traduire les responsables en justice.

- Renforcer l'éducation au DIH dans les armées et les écoles.

Renforcer l'éducation au droit international humanitaire (DIH) dans les armées et les écoles constitue une stratégie essentielle pour prévenir les crimes de guerre et assurer le respect des droits fondamentaux pendant les conflits armés. L'éducation au DIH vise à sensibiliser les acteurs militaires et civils aux règles qui gouvernent la conduite des hostilités, les protections des populations civiles, des prisonniers de guerre et des blessés, et à leur fournir les outils nécessaires pour agir de manière conforme aux principes humanitaires.

Dans les armées, l'intégration du DIH dans la formation des soldats et des officiers est un impératif pour éviter les dérives et les violations des lois de la guerre. Les forces armées, en particulier celles des pays impliqués dans des conflits armés, doivent être formées à respecter les conventions de Genève, les protocoles additionnels et d'autres instruments juridiques pertinents. Une telle formation devrait être dispensée dès l'entrée dans les forces armées et être renouvelée tout au long de la carrière des militaires. Il ne s'agit pas seulement de former les soldats aux principes fondamentaux du DIH, mais aussi de leur enseigner comment réagir face à des situations complexes où les règles peuvent être ambiguës. Cela inclut la protection des civils, la distinction entre combattants et non-combattants, et l'interdiction des armes ou méthodes de guerre inhumaines.

Les formations au DIH dans les armées doivent être pratiques et contextualisées. Par exemple, des simulations de terrain et des études de cas réels peuvent être utilisées pour permettre aux militaires de comprendre les conséquences de leurs actions. L'accent doit être mis sur la responsabilité individuelle : chaque soldat doit comprendre qu'il est personnellement responsable de ses actes, même en temps de guerre. Des mécanismes de supervision et de responsabilité doivent être en place pour garantir que les violations du DIH soient identifiées et punies. Les formations doivent aussi inclure des aspects relatifs à la chaîne de commandement, en soulignant que les supérieurs hiérarchiques ont l'obligation de prévenir et de réprimer les crimes de guerre commis par leurs subordonnés.

En plus de la formation au sein des armées, il est tout aussi indispensable de promouvoir l'éducation au DIH dans les écoles. Cette démarche permet de sensibiliser les jeunes générations aux principes humanitaires, de renforcer la culture de la paix et de prévenir la violence avant qu'elle ne se manifeste. Dans les zones de conflit, l'intégration du DIH dans l'éducation des enfants et des adolescents peut jouer un rôle déterminant pour leur permettre de comprendre les conséquences des violations des droits humains et des lois de la guerre. Cela permet également de former des citoyens responsables, conscients de leurs droits et devoirs, qui pourront plus tard prendre part à des efforts de réconciliation et de reconstruction après les conflits.

L'éducation au DIH dans les écoles peut prendre diverses formes, telles que des cours dédiés, des ateliers, des jeux de rôle, ou encore des campagnes de sensibilisation. Ces initiatives doivent être adaptées au contexte local et culturel, en tenant compte des réalités des enfants et des jeunes dans des zones de guerre ou de post-conflit. Les écoles peuvent également jouer un rôle important en enseignant les valeurs de tolérance, de respect des autres et de règlement pacifique des différends. De plus, l'intégration du DIH dans les programmes scolaires peut encourager les jeunes à s'engager dans des initiatives de défense des droits humains et de prévention des violences.

Un exemple concret de cette approche est celui de la Sierra Leone, où, après la guerre civile, des efforts ont été faits pour introduire le DIH dans les programmes éducatifs afin de prévenir de futures violences. De même, le Comité

International de la Croix Rouge (CICR) a lancé plusieurs initiatives visant à renforcer l'éducation au DIH dans les écoles, en particulier dans les pays touchés par des conflits. Ces efforts incluent des manuels scolaires, des jeux interactifs et des formations pour les enseignants afin qu'ils puissent transmettre les principes du DIH de manière efficace.

En renforçant l'éducation au DIH, tant dans les armées que dans les écoles, on crée une culture du respect des droits humains et de la dignité, qui peut contribuer à réduire les violences et à prévenir les crimes de guerre. L'éducation devient ainsi un outil fondamental pour la construction d'un avenir plus pacifique et plus respectueux des principes humanitaires, en aidant les individus à comprendre les conséquences de leurs actes et à adopter des comportements responsables, tant sur le plan personnel que collectif.

- Encourager la documentation active des violations potentielles.

Encourager la documentation active des violations potentielles du droit international humanitaire (DIH) est une démarche essentielle pour prévenir les crimes de guerre et garantir que les responsables de telles violations soient traduits en justice. La documentation proactive permet non seulement de recueillir des preuves qui peuvent être utilisées dans le cadre de poursuites judiciaires, mais aussi de dissuader les auteurs potentiels de crimes en leur montrant qu'ils seront surveillés et tenus responsables de leurs actes.

La documentation des violations potentielles repose sur l'utilisation de plusieurs outils et méthodologies, qui varient selon les contextes et les technologies disponibles. L'une des premières étapes consiste à établir des systèmes de surveillance dans les zones de conflit, souvent en collaboration avec des organisations non gouvernementales (ONG), des agences des Nations Unies, des journalistes, et des témoins locaux. Ces acteurs peuvent recueillir des informations sur les violations des droits humains, qu'il s'agisse de meurtres, de violences sexuelles, de déplacements forcés ou de destructions de biens. Ces informations doivent être collectées de manière systématique et rigoureuse, en suivant des protocoles stricts afin de garantir leur fiabilité et leur admissibilité en justice.

Les témoignages directs jouent un rôle central dans cette documentation. Les victimes et les témoins de violations peuvent fournir des informations importantes, mais leur sécurité et leur protection doivent être prioritaires. Les enquêtes doivent respecter les principes de confidentialité et d'anonymat pour éviter les représailles. Par exemple, lors des conflits en Syrie et en Irak, des ONG telles que Human Rights Watch et Amnesty International ont mené des enquêtes sur les crimes commis par les forces gouvernementales, les groupes armés non étatiques, ainsi que les groupes terroristes comme l'État islamique (EI). Ces organisations ont recueilli des témoignages, des photos, des vidéos, et ont mené des entretiens avec des survivants, ce qui a permis de dresser un tableau précis des violations des droits humains et des crimes de guerre.

Les témoignages visuels, en particulier ceux recueillis à travers des images satellites ou des drones, jouent également un rôle important dans la documentation des violations. L'utilisation de technologies modernes permet d'accéder à des informations en temps réel, et parfois de localiser des sites de massacres, de bombardements ou de destructions de villages. Par exemple, lors du conflit au Soudan du Sud, des images satellite ont été utilisées pour documenter les déplacements massifs de populations et les attaques contre des villages, fournissant des preuves incontestables des violations commises. Ces images peuvent être comparées avec des rapports de témoins et des vidéos sur le terrain pour établir une chronologie des événements et confirmer les faits.

La documentation numérique, notamment les réseaux sociaux, a également pris une importance croissante dans la collecte de preuves. Des vidéos et des photos prises par des civils et des journalistes peuvent circuler rapidement sur Internet et fournir des éléments de preuve cruciaux. Par exemple, lors du conflit en Ukraine, des vidéos publiées par des témoins ont permis de documenter des attaques contre des civils et des crimes de guerre, qui ont ensuite été utilisées dans des enquêtes menées par des tribunaux internationaux et des organisations des droits de l'homme. Toutefois, la véracité de ces informations doit être minutieusement vérifiée, car les fausses informations et les manipulations sont également courantes sur les plateformes en ligne.

Outre la collecte de preuves, il est également essentiel d'analyser et d'archiver ces données de manière sécurisée et accessible. L'archivage des informations est un processus complexe qui nécessite une gestion soigneuse des données pour éviter leur perte ou leur altération. Les tribunaux pénaux internationaux et les tribunaux hybrides, tels que le Tribunal pénal international pour l'ex-Yougoslavie (TPIY), ont utilisé des bases de données et des systèmes de gestion des preuves pour organiser et conserver les informations collectées, afin qu'elles puissent être utilisées dans des procès futurs.

Un exemple marquant de la documentation active des violations potentielles est celui du Tribunal pénal international pour le Rwanda (TPIR). Ce tribunal a joué un rôle clé dans la collecte et la documentation des atrocités commises pendant le génocide de 1994. Des milliers de témoins ont été interviewés, des documents ont été recueillis et des preuves matérielles ont été présentées lors des procès. Ce travail de documentation a permis de juger plusieurs responsables du génocide et de fournir une base solide pour la justice internationale. De plus, cette documentation a servi à la reconstruction de la mémoire historique du génocide et à la réconciliation post-conflit.

Dans le cadre des violences sexuelles commises en tant qu'arme de guerre, la documentation est indispensable. Les viols et autres formes de violences sexuelles sont souvent utilisés comme tactiques de guerre pour déstabiliser des communautés et humilier des populations entières. La documentation de ces crimes, par exemple en République Démocratique du Congo (RDC), où les viols ont été utilisés comme une arme de guerre par divers groupes armés, est essentielle non seulement pour traduire les responsables en justice, mais aussi pour fournir un soutien aux victimes. Des organisations comme le CICR et Médecins Sans Frontières ont mené des efforts de documentation dans ces régions, en enregistrant les témoignages des victimes et en fournissant des soins médicaux aux survivants.

En conclusion, encourager la documentation active des violations potentielles est une démarche fondamentale pour garantir la justice et la prévention des crimes de guerre. Elle repose sur l'utilisation de technologies modernes, de témoignages directs et d'une analyse minutieuse des preuves, tout en garantissant la protection des victimes et des témoins. Cette documentation constitue un outil de dissuasion, de responsabilisation et de reconstruction de la mémoire, tout en fournissant une base essentielle pour les poursuites judiciaires futures.

3. L'avenir du DIH dans un monde multipolaire

L'avenir du droit international humanitaire (DIH) dans un monde multipolaire soulève des défis complexes et des questions incontournables. Dans un contexte où de nouvelles puissances émergent sur la scène mondiale, le DIH doit s'adapter aux réalités géopolitiques changeantes, tout en cherchant à maintenir ses principes fondamentaux de protection des civils et de limitation des souffrances humaines en temps de guerre.

Les nouvelles puissances émergentes, notamment des pays comme la Chine, l'Inde, le Brésil et d'autres acteurs en Afrique ou en Asie, jouent un rôle de plus en plus important dans les affaires internationales. Ces pays ont des intérêts stratégiques et des visions politiques parfois divergentes de celles des puissances traditionnelles. Par exemple, la Chine et la Russie, membres permanents du Conseil de sécurité de l'ONU, ont souvent adopté des positions qui remettent en question les interventions militaires et les sanctions internationales, tout en soulignant la souveraineté nationale. Cela peut compliquer la mise en œuvre et le respect du DIH, notamment en ce qui concerne les interventions humanitaires ou la création de tribunaux internationaux. Le défi réside dans la capacité de ces nouvelles puissances à coopérer avec les institutions internationales existantes, tout en prenant en compte leurs propres priorités politiques et économiques.

Face à ces défis, la coopération internationale demeure essentielle pour garantir l'efficacité du DIH. Les conflits modernes, qu'ils soient internationaux ou internes, sont souvent transnationaux, impliquant plusieurs acteurs et ayant des conséquences mondiales. La coopération entre les États, les organisations internationales, les ONG et les acteurs non étatiques est importante pour garantir une réponse cohérente aux violations du DIH. Les initiatives multilatérales, telles que les accords internationaux sur les armes, la création de mécanismes de responsabilité pénale internationale et les efforts pour renforcer le rôle de la Cour pénale internationale (CPI), sont des exemples de la nécessité d'une coopération pour répondre aux défis globaux.

Dans un monde multipolaire, il est primordial que les grandes puissances et les nouvelles puissances collaborent pour renforcer le respect du DIH, tout en tenant compte des spécificités locales et des réalités géopolitiques. Cela implique une diplomatie proactive, une volonté politique partagée et des mécanismes adaptés pour relever les défis humanitaires mondiaux, qu'il s'agisse de conflits armés, de catastrophes naturelles ou de crises sanitaires.

- Les implications des nouvelles puissances émergentes.

Les nouvelles puissances émergentes jouent un rôle de plus en plus déterminant dans le monde contemporain, et leurs implications pour le droit international humanitaire (DIH) sont multiples et complexes. Ces pays, qui incluent des nations comme la Chine, l'Inde, le Brésil, l'Afrique du Sud et d'autres acteurs de l'Afrique et de l'Asie, ont non seulement des poids économiques croissants, mais aussi une influence géopolitique qui peut redéfinir les dynamiques internationales et affecter l'application du DIH.

L'une des premières implications majeures des nouvelles puissances émergentes réside dans la divergence des priorités géopolitiques. Alors que les puissances traditionnelles, comme les États-Unis et les pays européens, ont souvent été des moteurs du développement et de l'application du DIH, ces nouveaux acteurs ont des priorités différentes. Par exemple, la Chine et la Russie, membres permanents du Conseil de sécurité de l'ONU, ont fréquemment adopté des positions qui mettent l'accent sur la souveraineté nationale et le non-interventionnisme, ce qui peut parfois entrer en contradiction avec les principes du DIH. Ces pays ont souvent résisté à des interventions humanitaires ou des sanctions internationales, arguant que de telles actions violent la souveraineté des États et peuvent entraîner des conséquences néfastes à long terme pour la stabilité régionale. Cette vision peut limiter l'efficacité des efforts internationaux pour faire respecter le DIH, notamment lorsqu'il s'agit de répondre aux violations des droits humains ou aux crimes de guerre dans des conflits internes ou des guerres civiles.

Un autre défi est lié à la divergence dans les conceptions du droit international. Les nouvelles puissances émergentes, bien qu'elles soient souvent signataires des conventions internationales, peuvent avoir des interprétations du DIH qui diffèrent de celles des pays occidentaux. Par exemple, certaines puissances émergentes peuvent être moins enclines à soutenir des interventions militaires ou des sanctions internationales contre des régimes violant le DIH, préférant des approches diplomatiques ou économiques. Ce manque de consensus sur l'application du DIH peut rendre difficile la mise en place de mécanismes de responsabilité, comme les tribunaux pénaux internationaux, et compromettre la coopération multilatérale nécessaire pour faire face aux violations graves.

L'émergence de nouvelles puissances économiques a également des répercussions sur le financement et le soutien des initiatives internationales en matière de DIH. De nombreux pays émergents sont devenus des acteurs clés de l'économie mondiale, mais ils n'ont pas toujours la même volonté politique ou les mêmes ressources pour soutenir les initiatives humanitaires ou les mécanismes de justice internationale. Par exemple, la Chine, tout en étant un acteur majeur dans la diplomatie internationale, a été critiquée pour son manque de soutien aux initiatives de responsabilité internationale, notamment en ce qui concerne la Cour pénale internationale (CPI), dont elle n'est pas membre. Cette position soulève des questions sur l'engagement de ces nouvelles puissances à faire respecter le DIH et à promouvoir la justice internationale, en particulier lorsqu'elles sont elles-mêmes impliquées dans des conflits ou des actions internationales.

Les relations économiques entre les puissances émergentes et les pays en développement peuvent également avoir un impact sur l'application du DIH. De nombreuses puissances émergentes ont des relations économiques étroites avec des régimes autoritaires ou des États en guerre, ce qui peut compliquer les efforts internationaux pour faire pression sur ces régimes afin qu'ils respectent le DIH. Par exemple, la Chine et la Russie ont été accusées de soutenir des régimes comme ceux de Syrie et du Soudan, malgré leurs violations flagrantes des droits humains. Ce soutien économique et politique peut limiter les capacités des acteurs internationaux, y compris les Nations Unies, à intervenir efficacement dans ces pays pour prévenir les violations des droits humains et faire respecter le DIH.

D'autre part, les nouvelles puissances émergentes, en particulier l'Inde et le Brésil, ont montré un certain engagement envers les principes du DIH, notamment en soutenant des initiatives de maintien de la paix sous l'égide des Nations Unies et en s'opposant à l'impunité des crimes de guerre. Ces pays ont également été actifs dans des forums internationaux, comme les BRICS (Brésil, Russie, Inde, Chine et Afrique du Sud), pour promouvoir un ordre mondial plus multipolaire et plus équitable. Toutefois, leur approche du DIH est souvent plus axée sur la diplomatie et le dialogue que sur l'application directe de sanctions ou d'interventions militaires.

En parallèle, l'essor des puissances émergentes a également des implications pour les mécanismes de justice internationale. La CPI, par exemple, a été confrontée à des critiques et à des pressions de la part de pays comme la Chine, la Russie et certains pays africains, qui considèrent que le tribunal est trop influencé par l'Occident et qu'il manque de représentativité. Cette situation a conduit à des appels en faveur de réformes de la CPI et de la création de mécanismes alternatifs de justice internationale, mieux adaptés aux réalités des pays émergents et en développement.

Enfin, la montée en puissance des nouvelles puissances peut également conduire à une reconfiguration des alliances internationales qui influencent l'application du DIH. Par exemple, les alliances stratégiques entre des pays émergents et des régimes autoritaires peuvent limiter l'efficacité des sanctions ou des pressions diplomatiques visant à faire respecter le DIH. En revanche, les puissances émergentes pourraient jouer un rôle clé dans la création de nouveaux mécanismes de coopération régionale, qui pourraient compléter les efforts de justice internationale et renforcer l'application du DIH dans des contextes spécifiques.

En conclusion, les nouvelles puissances émergentes représentent à la fois un défi et une opportunité pour l'avenir du droit international humanitaire. Si elles peuvent contribuer à la diversification des approches et des solutions pour renforcer le respect du DIH, elles doivent aussi surmonter des obstacles importants liés à leurs priorités géopolitiques, économiques et diplomatiques. Leur rôle dans la coopération internationale, la réforme des institutions existantes et la promotion de la justice sera déterminant pour l'avenir de la protection des civils et de la prévention des crimes de guerre dans un monde multipolaire.

- La coopération internationale face aux défis globaux.

La coopération internationale face aux défis globaux est un élément fondamental pour la gestion des crises mondiales, qu'il s'agisse de conflits armés, de violations des droits humains, de catastrophes naturelles ou de menaces transnationales comme le terrorisme et le changement climatique. Dans le contexte du droit international humanitaire (DIH) et de la justice pénale internationale, cette coopération est essentielle pour garantir que les principes humanitaires soient respectés et que les responsables des crimes de guerre soient tenus pour responsables.

Les violations du DIH et les crimes de guerre transcendent souvent les frontières nationales, ce qui rend la coopération internationale indispensable. Par exemple, dans les conflits en Syrie et en Irak, des acteurs internationaux ont dû s'engager dans des efforts multilatéraux pour répondre aux violations du DIH, malgré les obstacles politiques et diplomatiques. Les puissances mondiales, les organisations internationales et les ONG ont dû travailler ensemble pour documenter les violations, fournir de l'aide humanitaire et soutenir des enquêtes indépendantes. Cependant, la coopération internationale a été compliquée par des divergences d'intérêts géopolitiques, notamment entre les membres permanents du Conseil de sécurité de l'ONU. Par exemple, la Russie, un allié du régime syrien, a opposé son veto à plusieurs résolutions de l'ONU visant à sanctionner le gouvernement syrien pour ses attaques contre des civils, y compris l'utilisation d'armes chimiques.

Malgré ces défis, la coopération internationale a permis certaines avancées. Par exemple, des enquêtes indépendantes menées par des institutions comme la Commission d'enquête des Nations Unies sur la Syrie ont contribué à la documentation des crimes commis par toutes les parties au conflit. De même, la Cour pénale internationale (CPI) a joué un rôle dans la poursuite des responsables de crimes de guerre, bien que son action ait été limitée par des questions de compétence et de coopération des États. Par exemple, la CPI a émis des mandats d'arrêt contre des dirigeants comme Omar al-Bashir, l'ex-président du Soudan, pour son rôle dans les atrocités du Darfour, mais la coopération internationale pour son arrestation a été insuffisante, en partie à cause du soutien diplomatique de certains États à al-Bashir.

Un autre exemple intéressant de la coopération internationale dans la lutte contre les crimes de guerre est celui de l'accord de paix en Colombie entre le gouvernement et les FARC. Cet accord, signé en 2016, a impliqué une collaboration complexe entre le gouvernement colombien, des acteurs internationaux, des ONG et des institutions judiciaires comme la Cour pénale internationale et la Commission vérité, justice et réconciliation. Cette coopération a permis de mettre en place des mécanismes pour juger les responsables des crimes de guerre tout en facilitant la réconciliation nationale.

La coopération régionale est également un aspect important de la réponse internationale aux violations du DIH. Par exemple, dans les Grands Lacs africains, la coopération entre les pays voisins a été essentielle pour lutter contre les groupes armés et les milices responsables de massacres, de viols et de pillages. L'Organisation des Nations Unies (ONU) et l'Union africaine (UA) ont travaillé ensemble pour déployer des missions de maintien de la paix et des missions humanitaires, tout en soutenant les efforts pour rendre justice aux victimes. L'International Criminal Tribunal for Rwanda (TPIR) a été un exemple clé de la coopération internationale dans la justice pénale après le génocide rwandais, et il a facilité la mise en place de mécanismes de justice au niveau national.

Cependant, malgré ces exemples positifs, la coopération internationale reste confrontée à des obstacles majeurs. L'une des difficultés les plus importantes est la politisation des efforts de justice. Les rivalités géopolitiques et les intérêts nationaux peuvent souvent interférer avec les actions internationales. Par exemple, lors de la guerre en Libye en 2011, bien que la communauté internationale ait imposé des sanctions contre le régime de Mouammar Kadhafi et que la CPI ait émis des mandats d'arrêt, la coopération pour l'arrestation de Kadhafi a été entravée par des considérations politiques, et il a été tué avant de pouvoir être jugé. De même, la question de la compétence des tribunaux internationaux reste un sujet de débat, avec certains États refusant de reconnaître la juridiction de la CPI, comme c'est le cas pour les États-Unis, la Chine et la Russie, qui ont refusé de ratifier le Statut de Rome.

La coopération internationale est également mise à l'épreuve par les limites de la souveraineté nationale. Certains pays, en particulier les régimes autoritaires, sont réticents à accepter l'ingérence étrangère dans leurs affaires intérieures, même lorsqu'il s'agit de violations flagrantes des droits humains. Par exemple, en Myanmar, la communauté internationale a été confrontée à une réaction limitée face au traitement des Rohingyas, une minorité musulmane persécutée par l'armée birmane. Les sanctions internationales et les efforts pour traduire les responsables en justice ont été entravés par le veto de la Chine et de la Russie au Conseil de sécurité de l'ONU, qui ont soutenu le régime militaire birman.

Dans un contexte global de plus en plus multipolaire, la coopération internationale face aux défis globaux doit s'adapter aux nouvelles dynamiques géopolitiques. L'essor de puissances comme la Chine, l'Inde et le Brésil, ainsi que l'influence croissante des acteurs régionaux, exigent une approche multilatérale plus inclusive, mais aussi plus complexe. Il est nécessaire de renforcer les mécanismes de coopération pour garantir que les violations du DIH soient traitées de manière efficace, que les responsables de crimes de guerre soient poursuivis, et que la justice internationale soit véritablement accessible à toutes les victimes de conflits armés. Le rôle des organisations internationales, telles que l'ONU et la CPI, doit être réaffirmé, mais il est essentiel que ces institutions soient réformées pour être plus représentatives, plus efficaces et plus adaptées aux défis contemporains.

En conclusion, bien que des progrès aient été réalisés grâce à la coopération internationale, de nombreux défis subsistent. La lutte contre l'impunité, la mise en place de mécanismes de justice et la protection des civils dans les conflits armés exigent une collaboration continue entre les États, les organisations internationales, les ONG et les acteurs non étatiques. La coopération internationale doit être renforcée pour garantir que les violations du DIH soient sanctionnées.

Conclusion

La conclusion de cette réflexion sur le droit pénal international (DPI) met en lumière à la fois les avancées significatives et les lacunes persistantes dans la lutte contre les crimes de guerre. D'une part, des institutions comme la Cour pénale internationale (CPI) ont permis de juger des responsables de crimes de guerre et de renforcer la responsabilité individuelle dans les conflits armés. D'autre part, des obstacles tels que l'impunité des chefs d'État, les difficultés de coopération internationale et les limites de la compétence des tribunaux demeurent, freinant parfois l'efficacité de la justice internationale.

L'importance de la justice dans la prévention des crimes de guerre ne peut être sous-estimée. En poursuivant les criminels de guerre, en documentant les violations et en rendant justice aux victimes, la communauté internationale envoie un message fort contre l'impunité et pour le respect des principes du droit international humanitaire. Cependant, il est important de renforcer les mécanismes de coopération et d'améliorer les systèmes de justice pour assurer que tous les responsables soient traduits en justice, indépendamment de leur statut ou de leur pouvoir.

Un appel à une vigilance collective est nécessaire pour protéger les principes fondamentaux de l'humanité. Cela implique de renforcer les institutions internationales, de promouvoir la prévention des crimes de guerre et de garantir que la justice soit accessible et effective, quel que soit le contexte géopolitique. Seule une action concertée et déterminée peut garantir un avenir où les crimes de guerre ne restent pas impunis et où les droits des victimes sont pleinement respectés.

- Bilan des avancées et des lacunes du droit pénal international.

Le bilan des avancées et des lacunes du droit pénal international (DPI) présente un tableau complexe, où les progrès réalisés en matière de justice pénale internationale sont contrebalancés par des défis persistants. Si des institutions telles que la Cour pénale internationale (CPI) ont marqué des avancées significatives, de nombreuses lacunes demeurent dans la mise en œuvre de la justice et la lutte contre l'impunité des criminels de guerre.

Parmi les principales avancées du DPI, on peut citer la création de mécanismes de justice pénale internationaux tels que la CPI, les tribunaux ad hoc (comme ceux pour l'ex-Yougoslavie et le Rwanda), ainsi que des tribunaux hybrides comme ceux de la Sierra Leone. Ces instances ont permis de juger des responsables de crimes de guerre, de crimes contre l'humanité et de génocide, contribuant ainsi à établir un précédent important en matière de responsabilité individuelle pour des actes commis lors de conflits armés. L'un des grands succès de la CPI a été la condamnation de Thomas Lubanga pour l'enrôlement d'enfants soldats en République Démocratique du Congo, un signal fort de la volonté de la communauté internationale de lutter contre l'exploitation des enfants dans les conflits.

Le DPI a également vu des progrès dans la reconnaissance de nouvelles formes de violences, comme les violences sexuelles en temps de guerre. Des condamnations importantes ont été prononcées, comme celles de Jean-Pierre Bemba pour les crimes sexuels commis par ses troupes en République Centrafricaine. Ces avancées témoignent de l'évolution du droit international humanitaire, qui reconnaît de plus en plus les souffrances infligées aux civils, en particulier les femmes et les enfants, dans les conflits armés.

Cependant, malgré ces progrès, plusieurs lacunes persistent dans la mise en œuvre du DPI. L'une des principales difficultés réside dans l'impunité des responsables des crimes de guerre. Des figures politiques puissantes, comme Omar al-Bashir du Soudan, ont échappé à la justice internationale en raison de la non-coopération de certains États. Le veto des membres permanents du Conseil de sécurité de l'ONU a également freiné l'efficacité de la CPI, comme dans le cas du Soudan ou de la Syrie, où des résolutions ont été bloquées, empêchant ainsi toute action concrète contre les responsables des atrocités.

En outre, la compétence limitée de la CPI pose problème. Bien que la Cour ait été conçue pour juger les crimes de guerre, de génocide et les crimes contre l'humanité, elle ne peut agir que si un État a ratifié le Statut de Rome ou si la situation est renvoyée par le Conseil de sécurité de l'ONU. Certains pays, comme les États-Unis, la Chine et la Russie, n'ont pas ratifié ce statut, ce qui les rend en dehors de la juridiction de la CPI. Cette absence de compétence universelle empêche la Cour d'agir dans des situations où des crimes de guerre sont commis par des ressortissants de ces pays, limitant ainsi son champ d'action.

Un autre défi majeur réside dans les difficultés de coopération internationale. La CPI, bien qu'elle dispose d'un mandat international, dépend de la coopération des États pour arrêter les suspects et collecter des preuves. Or, certains États, par des considérations politiques ou diplomatiques, ont refusé de coopérer avec la Cour, comme ce fut le cas avec le Soudan ou le Kenya. Cette résistance à la coopération empêche la CPI d'être pleinement efficace et d'exercer sa fonction de justice pénale internationale.

De plus, l'un des défis majeurs reste la protection des témoins et des victimes dans les zones de conflit. Les témoins des crimes de guerre risquent souvent leur vie pour témoigner devant les tribunaux internationaux, et la sécurité des victimes est fréquemment compromise. Les efforts pour assurer une protection adéquate restent insuffisants dans de nombreuses situations, ce qui peut dissuader les témoins de se manifester.

Enfin, la difficulté d'accès aux zones de conflit pour les enquêteurs et les avocats de la défense constitue un obstacle supplémentaire. Les conflits armés, en particulier dans des régions comme la Syrie, la République Démocratique du Congo ou le Yémen, compliquent la collecte de preuves et l'enquête sur les violations du droit international humanitaire. Dans de nombreux cas, les violations sont commises dans des zones difficiles d'accès, et les enquêtes sont entravées par des risques de sécurité, des destructions massives de preuves ou des pressions politiques.

En conclusion, bien que des avancées indéniables aient été réalisées dans le domaine du droit pénal international, il reste de nombreuses lacunes à combler pour garantir une justice véritablement universelle et efficace. L'impunité, les limitations de la compétence des tribunaux, le manque de coopération des États et les difficultés d'enquête sur le terrain demeurent des défis majeurs. Pour que le droit pénal international atteigne son plein potentiel, il est essentiel que la communauté internationale renforce les mécanismes existants, œuvre pour une coopération accrue entre les États et améliore la protection des victimes et des témoins.

- L'importance de la justice dans la prévention des crimes de guerre.

L'importance de la justice dans la prévention des crimes de guerre réside dans son rôle fondamental en tant que moyen de dissuasion, de réparation et de réconciliation. La justice pénale internationale n'est pas seulement une réponse aux atrocités passées, mais elle joue également un rôle préventif important en envoyant un message clair aux auteurs potentiels de crimes. En poursuivant et en condamnant les responsables de crimes de guerre, de crimes contre l'humanité et de génocide, la justice contribue à renforcer l'ordre international, à protéger les droits humains et à dissuader la répétition de tels actes.

Tout d'abord, la dissuasion est l'un des principaux objectifs de la justice pénale internationale. Lorsque des responsables de crimes de guerre sont jugés et condamnés, cela envoie un message fort aux autres dirigeants et commandants militaires qu'ils ne seront pas au-dessus de la loi. L'exemple des procès de Nuremberg après la Seconde Guerre mondiale a montré qu'un tribunal pouvait punir les plus hauts responsables d'un régime criminel, établissant ainsi un précédent pour les générations futures. En outre, des affaires comme celle de Slobodan Milošević, jugé pour son rôle dans les guerres des Balkans, ont démontré que même les chefs d'État ne sont pas immunisés contre la justice internationale, renforçant ainsi le principe de responsabilité individuelle pour les crimes de guerre. La crainte de poursuites judiciaires peut dissuader les responsables de commettre des crimes, sachant qu'ils risquent d'être jugés devant un tribunal international, ce qui limite la portée des atrocités commises.

La justice joue également un rôle important dans la réparation des injustices subies par les victimes. Les procès permettent de rendre public l'ampleur des souffrances infligées aux civils, de donner une voix aux victimes et de reconnaître leur souffrance. Par exemple, les procès pour les crimes commis lors du génocide au Rwanda ont permis aux victimes de témoigner, ce qui a non seulement été un acte de réparation symbolique, mais a aussi permis de documenter les atrocités afin qu'elles ne soient pas oubliées. Les réparations et les indemnisations accordées aux victimes, bien que souvent limitées, sont également un aspect important de la justice pénale internationale. Elles permettent de soulager, dans une certaine mesure, les souffrances des victimes et de leur offrir une forme de justice tangible, même si cela ne peut jamais réparer pleinement les horreurs vécues.

En outre, la justice internationale est un outil de réconciliation dans les sociétés dévastées par les conflits. Après des guerres et des violences massives, les sociétés sont souvent profondément divisées, avec des groupes opposés se reprochant les atrocités commises. Les procès peuvent permettre une forme de catharsis collective, où les crimes sont reconnus publiquement et où les responsabilités sont clairement établies. Par exemple, en Bosnie-Herzégovine, les procès pour le massacre de

Srebrenica ont permis de reconnaître la gravité du crime et de faire face à la réalité de ce qui s'est passé, contribuant ainsi à une forme de réconciliation, même si ce processus reste complexe et difficile. La justice pénale peut aider à briser le cycle de la violence en établissant une vérité juridique sur les événements, réduisant ainsi le risque de révisionnisme et de négation des crimes.

Cependant, la justice pénale internationale ne doit pas être perçue comme une panacée. Elle doit être accompagnée de mesures préventives pour qu'elle soit réellement efficace dans la prévention des crimes de guerre. Il est essentiel de renforcer l'éducation au droit international humanitaire (DIH) et de promouvoir des mécanismes de responsabilisation au niveau national, afin que les pays prennent eux-mêmes en charge la prévention et la répression des crimes de guerre. L'éducation des soldats et des civils aux principes du DIH peut contribuer à créer une culture de la paix et du respect des droits humains, réduisant ainsi les risques de violences.

De plus, la justice internationale ne peut être efficace que si elle est accompagnée d'une coopération internationale solide. Les États doivent être prêts à coopérer avec les tribunaux internationaux, à fournir des preuves et à arrêter les suspects. Les pays doivent également s'engager à renforcer leurs propres systèmes judiciaires afin de juger les criminels de guerre au niveau national, ce qui réduirait la charge des tribunaux internationaux et permettrait de garantir que les responsables de crimes soient traduits en justice, même en l'absence de mécanismes internationaux.

Enfin, la justice préventive implique aussi la mise en place de mécanismes permettant de détecter et de prévenir les violations des droits humains avant qu'elles ne dégénèrent en crimes de guerre. Cela nécessite une surveillance accrue des zones de conflit, une meilleure coordination entre les organisations internationales et une réponse plus rapide aux signes avant-coureurs de violences massives. Les efforts pour documenter les violations potentielles à l'aide de nouvelles technologies, comme les drones et l'intelligence artificielle, peuvent aider à identifier les auteurs de crimes en temps réel et à intervenir avant que la situation ne devienne incontrôlable.

La justice pénale internationale joue un rôle fondamental dans la prévention des crimes de guerre, non seulement en punissant les responsables, mais aussi en créant un environnement où la responsabilité individuelle est valorisée et où la souffrance des victimes est reconnue. Toutefois, pour être véritablement préventive, la justice doit être accompagnée d'une éducation au respect des droits humains, d'une coopération internationale renforcée et d'une réponse rapide aux signes de violences. Seule une approche globale, qui combine répression, prévention et réconciliation, permettra de lutter efficacement contre les crimes de guerre à l'échelle mondiale.

- Un appel à une vigilance collective pour protéger les principes fondamentaux de l'humanité.

Un appel à une vigilance collective pour protéger les principes fondamentaux de l'humanité est un impératif face aux défis continuellement croissants que posent les crimes de guerre, les violations des droits humains et les conflits armés dans le monde entier. Les principes fondamentaux de l'humanité, tels que la dignité humaine, la liberté, la sécurité et l'égalité, sont des valeurs universelles qui forment le socle du droit international humanitaire (DIH) et des droits de l'homme. Ces principes doivent être défendus et protégés à tout prix, car ils sont essentiels à la préservation de la paix et de la stabilité mondiales. Cependant, malgré les progrès réalisés dans le domaine de la justice internationale, ces principes restent menacés par les conflits violents, les abus de pouvoir et les actes de barbarie qui continuent de défigurer le monde moderne.

L'histoire a montré à maintes reprises que l'indifférence et l'inaction face aux violations massives des droits humains peuvent entraîner des conséquences dramatiques. Les atrocités commises pendant les guerres mondiales, le génocide rwandais, les massacres en ex-Yougoslavie et plus récemment en Syrie, en Irak et au Myanmar, illustrent la brutalité avec laquelle les principes fondamentaux de l'humanité peuvent être bafoués. Ces événements soulignent la nécessité d'une vigilance constante et collective de la part des États, des institutions internationales, des organisations non gouvernementales (ONG) et des citoyens du monde entier pour prévenir de telles tragédies.

La vigilance collective repose sur plusieurs axes, chacun étant essentiel pour garantir que les principes humanitaires ne soient pas relégués au second plan face aux intérêts géopolitiques ou aux dynamiques de pouvoir. Tout d'abord, la responsabilité des États est primordiale. Chaque pays doit non seulement respecter ses obligations internationales en matière de droit humanitaire et de droits humains, mais aussi prendre des mesures concrètes pour traduire en justice les responsables de violations graves. Cela implique de renforcer les systèmes judiciaires nationaux, d'encourager la coopération avec les tribunaux internationaux, comme la Cour pénale internationale (CPI), et d'empêcher l'impunité. Les États doivent également s'engager à ratifier et à mettre en œuvre les traités internationaux relatifs aux droits humains et au DIH, et à soutenir les mécanismes de prévention des conflits.

En outre, la coopération internationale est un élément essentiel pour renforcer la protection des principes humanitaires. Aucun État, même le plus puissant, ne peut faire face seul aux défis mondiaux liés aux crimes de guerre et aux violations des droits humains. La solidarité internationale est donc nécessaire pour mettre en place des mécanismes efficaces de prévention, de surveillance et de répression des crimes. Les Nations Unies, les organisations régionales, les ONG, et les tribunaux internationaux jouent un rôle clé dans cette coopération. Les résolutions du Conseil de sécurité de l'ONU, les enquêtes menées par des commissions internationales et les actions humanitaires sur le terrain sont autant de moyens de garantir que les principes de justice et de dignité humaine soient respectés. Cependant, la coopération ne doit pas être sélective ou motivée par des intérêts politiques. Les violations des droits humains doivent être traitées de manière impartiale, sans distinction de nationalité ou de statut politique.

Un autre aspect essentiel de cette vigilance collective est la sensibilisation et l'éducation. Les citoyens du monde entier doivent être conscients des droits humains et du droit international humanitaire. L'éducation au DIH dans les écoles, dans les armées, et au sein des communautés est indispensable pour promouvoir une culture de la paix et du respect des droits humains. L'histoire des conflits violents montre que l'ignorance des principes fondamentaux du droit international, ainsi que la propagande et la déshumanisation des adversaires, peuvent être des facteurs déterminants dans l'escalade des violences. En favorisant une prise de conscience collective des conséquences dramatiques des violations des droits humains, on peut espérer réduire la tolérance envers de tels actes et prévenir leur répétition.

La documentation et la dénonciation des violations jouent également un rôle essentiel dans cette vigilance collective.

Grâce aux technologies modernes, notamment les satellites, les drones et les réseaux sociaux, il est aujourd'hui possible de recueillir des preuves de violations des droits humains et de crimes de guerre en temps réel. Cela permet non seulement de documenter les atrocités commises, mais aussi de faire pression sur les responsables et d'aider les victimes à obtenir justice. Les ONG, les journalistes et les observateurs internationaux ont un rôle clé à jouer en collectant et en diffusant ces informations, souvent au péril de leur vie. Cependant, la documentation ne doit pas se limiter à la collecte de preuves, mais doit également être accompagnée de démarches juridiques et diplomatiques pour engager des poursuites et garantir que les auteurs de crimes soient traduits en justice.

Enfin, il est nécessaire de renforcer les mécanismes de prévention des conflits pour éviter que les violations des droits humains ne se transforment en crimes de guerre à grande échelle. La prévention passe par la diplomatie, l'aide humanitaire, la médiation et la promotion des droits humains. Les communautés internationales doivent se mobiliser pour anticiper les tensions et intervenir de manière proactive avant que des violences massives n'éclatent. Cela nécessite un engagement constant pour renforcer la gouvernance, promouvoir la démocratie et soutenir les droits fondamentaux des populations vulnérables. Les conflits ne naissent pas spontanément; ils sont souvent alimentés par des injustices sociales, des inégalités politiques et des violations des droits fondamentaux. En abordant les causes profondes des conflits, il devient possible de réduire le risque de violences à grande échelle.

En conclusion, un appel à une vigilance collective pour protéger les principes fondamentaux de l'humanité est plus que jamais nécessaire. L'histoire nous a appris que l'indifférence et l'inaction face aux violations des droits humains peuvent entraîner des conséquences catastrophiques. Il est donc de notre responsabilité commune de garantir que les principes de dignité humaine, de justice et de paix soient protégés à travers des actions concrètes, une coopération internationale renforcée et une vigilance constante. Seule une approche collective, fondée sur la solidarité, l'éducation, la documentation et la prévention, pourra assurer la protection des principes fondamentaux de l'humanité et éviter que de telles atrocités ne se reproduisent à l'avenir.

Résumé :

Cet ouvrage sur les criminels de guerre analyse en profondeur les mécanismes juridiques internationaux et nationaux mis en place pour poursuivre et juger les responsables des atrocités de guerre. Il met en lumière les défis liés à la justice pénale internationale, en abordant les obstacles rencontrés, tels que l'immunité des chefs d'État, la collecte de preuves dans des zones de conflit, ainsi que les tensions entre justice et diplomatie.

À travers des affaires, comme celles d'Adolf Eichmann, Slobodan Milošević et Radovan Karadžić, le livre analyse les réussites et les échecs des tribunaux internationaux, tout en analysant les lacunes de la justice internationale dans des situations récentes, en Syrie, en Irak et en Israël. Il s'intéresse également aux progrès réalisés, notamment la reconnaissance des violences sexuelles comme armes de guerre et les initiatives locales pour juger les crimes de guerre.

Enfin, l'ouvrage propose des améliorations du droit pénal international, en insistant sur la nécessité de renforcer les institutions internationales, d'améliorer la prévention des crimes de guerre et d'adapter le droit international humanitaire aux défis d'un monde multipolaire. Il appelle à une vigilance collective pour protéger les principes fondamentaux de l'humanité et garantir la justice pour les victimes des crimes de guerre.

Bibliographie :

Akandji-Kombé: « La Cour pénale spéciale de la République centrafricaine: Quel projet de justice ? », Independently published (1 décembre 2017) , 271 pages.

Bisangwa, Modeste: « Du tribunal de Nuremberg la cour penale internationale: Quel cheminement pour quel résultat? », Univ Européenne (28 mars 2012) , 120 pages.

Calvo-Goller, Katrin: « La procédure et la jurisprudence de la cour pénale internationale », Lextenso éditions, Gazette du Palais (21 août 2012) , 392 pages.

Del Ponte, Carla: « La traque, les criminels de guerre et moi », Héloïse d'Ormesson (22 octobre 2009), 648 pages.

Evmoon, Delphine: « Les criminels de guerre" sont-ils des hommes ordinaires ?": L'exemple de la Bosnie-Herzégovine », Editions L'Harmattan (1 mai 2009), 174 pages.

Hazan, Pierre: « La Paix contre la Justice ? : Comment reconstruire un Etat avec des criminels de guerre », André Versaille (25 août 2010), 127 pages.

Hiltunen, Helmi: « L'application des accords bilatéraux et multilatéraux aux mandats d'arrêt de la Cour pénale internationale (CPI)», Bemen University Press (17 novembre 2024) , 208 pages.

Klarsfeld, Serge: « La traque des criminels nazis », TALLANDIER (1 avril 2021), 416 pages.

Martinez, J.A.: « Les Procès criminels de l'après-guerre », Albin Michel (5 mai 1958) , 176 pages.

Massé, Jacques: « Nos chers criminels de guerre », FLAMMARION (22 février 2006) , 324 pages.

Mettraux, Guénael: « International Crimes and the Ad Hoc Tribunals », Oxford University Press (17 mars 2005), 480 pages.

Mpinda, Albert: « Forces et faiblesses de la Cour Pénale Internationale », Editions de l'Onde (5 avril 2019) , 159 pages.

Ndedoum, Serge: « La Cour Pénale Internationale et les juridictions internes des États », Grin Verlag (19 juillet 2022), 118 pages.

Sako, Brahima: « La Cour Pénale Internationale: Un rempart pour les victimes des crimes: La victime au cœur de la procédure », Éditions universitaires européennes (18 juin 2021), 204 pages.

Sterio, Milena: « The Legacy of Ad Hoc Tribunals in International Criminal Law: Assessing the ICTY's and the ICTR's Most Significant Legal Accomplishments », Cambridge University Press (21 février 2019) , 300 pages.

Tchinda Kenfo, Joseph: « La Cour pénale internationale: Leucophilie ou négrophobie? », PU QUEBEC (13 janvier 2022) , 273 pages.

Thys, Pierre: « Criminels de guerre: Etude criminologique », Editions L'Harmattan (1 novembre 2007), 230 pages.

Ubéda-Saillard, Muriel: « La justice pénale internationale au service de la paix mondiale », Dalloz (30 novembre 2023), 100 pages.

Pour me contacter : lelivre@netc.fr